TAI CHI CHUAN

verständlich gemacht

W0061534

Mario F. Frerker
TAI CHI CHUAN

verständlich gemacht

Lektorat: Sonja Mildt

Produktion und Layout:
VerlagsService Dr. Helmut Neuberger & Karl Schaumann GmbH

Umschlaggestaltung: Uwe Richter

Titelfoto: Autor
Innenteil: Alle Abbildungen stammen aus dem Archiv des Autors,
außer S. 140 und S. 142/143 (Bongarts)

Zeichnungen (nach Vorlagen des Autors): Günter Wiesler

Ich danke im besonderen meinem Freund Dr. med. Ralf Werner,
homöopathischer Arzt.
Mario F. Frerker

Die Deutsche Bibliothek – CIP-Einheitsaufnahme
Frerker, Mario F.:
Tai-chi-chuan verständlich gemacht / Mario F. Frerker. –
München : Copress-Verl., 1995
ISBN 3-7679-0458-6

Gesamtherstellung: Bruckmann, München
Druck: Gerber + Bruckmann, München
Printed in Germany
ISBN 3-7679-0458-6

Inhalts-
verzeichnis

Zu diesem Buch

Die chinesische Gesundheitslehre Tai Chi Chuan ist die Lehre von der Bewegung nach universellen Gesetzmäßigkeiten. Die Initiatoren dieser Lehre waren taoistische Einsiedler, die vor langer Zeit in China lebten.

Diese Menschen waren aufgrund ihrer besonderen Sensibilität und Beobachtungsgabe in der Lage, Naturabläufe wahrzunehmen *(Erkennen des Tai Chi)* und in eine für Menschen nachvollziehbare Bewegungslehre *(Ausführen des Chuan)* umzusetzen.

Das zentrale Anliegen des Tai Chi Chuan ist eine Harmonisierung der universellen Energien von Yang (Positiv) und Yin (Negativ).

Autor Mario F. Frerker (rechts) mit Frau und Prof. Dr. med. Nikolai Babathev.

Die Inhalte dieser Bewegungslehre sind:

• spezielle Atemtechniken, die das Lungenvolumen vergrößern und die Atemkontrolle verbessern,

• die Entwicklung und Förderung der Konzentrationsfähigkeit,

• die Intensivierung der physischen und psychischen Beweglichkeit

• sowie die Korrektur von sogenannten Muskelpanzern.

Diese Übungen sind geeignet, ein höheres Maß an Entspannung erfahrbar zu machen.

Das Ziel des Tai Chi Chuan ist die natürliche Harmonisierung von Körper, Geist und Seele zu einer Einheit *(Mikrokosmos)*, die wiederum zu einem ganzheitlichen Bewußtsein mit den Mitmenschen und der Umwelt *(Makrokosmos)* führen soll.

Die Erfahrungen mit den unterschiedlichen Zielgruppen haben gezeigt: Unabhängig von Alter, Geschlecht, Religion und gesundheitlichem Zustand kann jeder Mensch die chinesische Gesundheitslehre Tai Chi Chuan praktizieren.

Dies ist im besonderen dadurch möglich, weil niemand für die Übungen irgendwelche Voraussetzungen mitbringen muß. Darüber hinaus lassen sich durch regelmäßiges Üben Lebensqualität und -quantität nachweislich verbessern.

Bei dem bisher Gesagten kann man den Eindruck haben, daß die chinesische Gesundheitslehre nur im Breitensport anzusiedeln sei – weit gefehlt.

Seit Jahren schon verfolge ich den Weg des Autors genauestens. Ich bin beeindruckt, mit welch großem Erfolg er vor allem im Leistungs- und Hochleistungssport tätig gewesen ist.

Namen wie Markus Stappenberg (Deutscher Rekordhalter im Bankdrücken), Michael Brügger (Weltmeister und Rekordhalter im Power-Lifting-Kraftdreikampf) und Siggi

Selbst Hochleistungssportlern dient Tai Chi Chuan zur Ergebnis-verbesserung.

Wentz (Bronzemedaillengewinner im Zehnkampf) fallen mir in diesem Zusammenhang ein; hier geht es darum, durch ein »natürliches Doping« (Steigerung der Ateminten-sität und Konzentration, um die innere Energie freizusetzen) nachweislich gesteigerte Leistungsergebnisse zu erzielen.

Im Regenerationssport, also bei der Anwendung von Tai Chi Chuan als Bewegungstherapie bei Knochenbrüchen, gab es enorme Erfolge, die ihm von bekannten Ärzten bescheinigt wurden.

Im Seniorensport hat der Autor Revolutionäres geschaffen, ältere und sehr alte Menschen, die zeit ihres Lebens keinen Sport betrieben haben, zu motivieren, etwas für das eigene gesundheitliche Wohlbefinden zu tun.

Das eigene Wohlbefinden zu fördern, d. h. präventiv tätig zu sein, ist auch ein Thema, das von den Krankenkassen, im besonderen von der AOK, gefördert wird.

Mit seinen Erfolgen hat Herr Frerker meiner Meinung nach Pionierarbeit geleistet, und so wünsche ich ihm und seinem Team auch weiterhin die Harmonie und die Weisheit, die ihren bisherigen Lebensweg gezeichnet haben.

Seinem Buch »Tai Chi Chuan verständlich gemacht« wünsche ich viel Erfolg.

Zum Schluß eine Aussage, die einem legendären taoistischen Mönch zugeordnet wird:

Ein Mensch, der regelmäßig Tai Chi Chuan übt, wird stark wie ein Holzfäller, verspielt wie ein Kind und gelassen wie ein Weiser.

Das wünsche ich allen Lesern

Prof. Dr. med. Nikolai Babathev

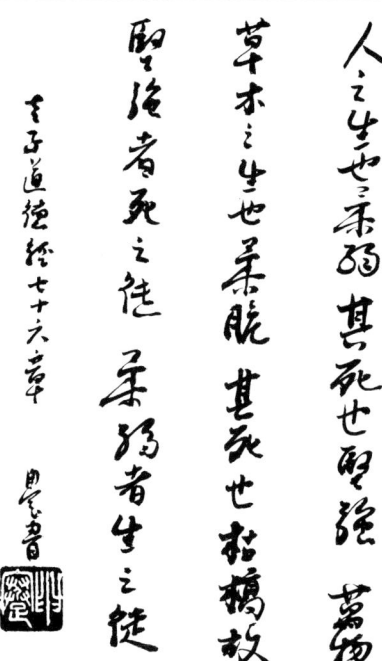

Warnung vor der Stärke

Der Mensch ist weich und schwach,
wenn er geboren wird,
fest und stark,
wenn er stirbt.
Kräuter und Blumen sind weich und saftig,
wenn sie entstehen,
dürr und hart,
wenn sie sterben.
Denn das Feste und Starke gehört dem Tode,
das Weiche und Schwache gehört dem Leben.

Laotse, Tao Te King,
Spruch 76

Ganzheitlichkeit und Gesundheits- förderung

Das Zentrum für Gesundheit ist eine neue nichtklinische Abteilung am St.-Josefs-Hospital in Krefeld-Uerdingen mit präventivmedizinischer Aufgabe.

Neben einer modernen Medizin wird das St.-Josefs-Hospital die Vermeidung von Krankheit und die Hilfe und Unterstützung bei langfristigen Krankheiten in den Vordergrund rücken. Das Krankenhaus und seine Ärzte haben sich die Schaffung eines dynamischen Gleichgewichtes zwischen medizinischer Versorgung, Prävention und Gesundheitsförderung zur Aufgabe gemacht.

Gegenüber den kurzfristig therapierbaren Akutkrankheiten nehmen die sogenannten funktionellen Störungen deutlich zu. Diese Erkrankungen verlaufen oft in schleichender oder chronischer Form. Ihnen ist gemeinsam, daß sie oft nicht auf eine eindeutige Ursache zurückzuführen sind. Sie entstehen durch ein Zusammenwirken verschiedener belastender Faktoren, die sich wechselseitig verstärken.

Diese komplizierten Zusammenhänge der Krankheitsentstehung können allein mit kurativ medizinischen Zugriffsformen nicht mehr ausreichend bekämpft werden. Die kurative Medizin *(Heilung)* muß daher durch neue Ansätze der Prävention *(Vorbeugung)* und der Promotion *(Gesundheitsförderung)* ergänzt werden.

Basierend auf dem Gesundheitsverständnis, daß Gesundheit nicht nur der Zustand geistigen, seelischen, körperlichen, sondern auch sozialen Wohlbefindens ist, fordert die Weltgesundheitsorganisation seit Jahren eine Reorientierung der Krankenhäuser. Damit wird angestrebt, daß Krankenhäuser in Europa zu gesundheitsfördernden Institutionen werden, die im umfassenden Sinn Elemente der präventiven, kurativen und rehabilitativen Medizin unter einem Dach vereinen. Das St.-Josefs-Hospital mit seinen Experten kann viel zur erfolgreichen Realisierung von Gesundheitsförderung beisteuern. Der Ansatz der Gesundheitsförderung ergänzt die medizinische Prävention über die Verhütung einzelner Krankheiten hinaus, im Sinne einer Förderung von umfassendem Wohlbefinden und der Gestaltung gesünderer Lebensbedingungen. Die Bereitschaft des einzelnen zur Selbstverantwortung soll gefördert werden. Im Vordergrund der Maßnahmen des Zentrums für Gesundheit steht deshalb das **Lernen des Tun**. Gesundheitsförderung soll vor allem Freude und Anregung bringen; denn nur was Spaß macht, wird auch auf Dauer beibehalten.

Das Zentrum für Gesundheit versteht sich auch als eine soziale Begegnungsstätte. Erfahrungsaustausch und Kommunikation werden durch gemeinsame Aktivitäten in der Kursgruppe gefördert.

Das ganzheitliche Menschenbild

Patientenschulung stellt eine wichtige Voraussetzung für eine bessere und schnellere Krankheitsbewältigung dar.

Grundlegend für die Idee der Gesundheitsförderung ist ein **ganzheitliches Menschenbild**, d. h. bei der Verursachung von Gesundheit und Krankheit muß ebenso wie bei einem angemessenen Verständnis einzelner Krankheitsverläufe von Wechselwirkungen zwischen geistigen, seelischen, somatischen und sozialen Prozessen ausgegangen werden. Damit umfaßt Gesundheitsförderung die gesamte Bevölkerung in ihren alltäglichen Lebenszusammenhängen und nicht ausschließlich bestimmte Risikogruppen. Dazu ist, über das Gesundheitswesen hinaus, eine enge Zusammenarbeit vieler Bereiche notwendig.

Chinesische Imaginationsübung: »Vertreibe die sieben Sorgen«

Das Zentrum für Gesundheit strebt daher mit allen Personen, Institutionen und Organisationen der Stadt Krefeld, die in der Prävention engagiert sind oder es werden wollen, eine Zusammenarbeit an.

Die Bewegungskunst des Tai Chi Chuan (Honan-Stil) bringt Geist, Seele und Körper in Einklang und unterstützt dadurch in idealem Maße den Gedanken der **ganzheitlichen**

Gesundheitsförderung. Mit Tai Chi Chuan lassen sich Krankheiten behandeln und vorbeugen, die Übungen erfassen den ganzen Körper. Die Durchblutung wird angeregt, der Blutdruck reguliert und der Bewegungsapparat gestärkt. Das allein wäre nichts besonderes, denn gymnastische Übungen westlicher Art haben ähnliche Effekte auf den Körper. Aber Tai Chi Chuan hat einen anderen Ausgangspunkt, es ist auch eine geistige Disziplin.

Jeder, der Tai Chi Chuan übt, kontrolliert mit seinem Geist seinen Körper. Er stellt sich die Übungen vor, während er sie ausübt, so daß Denken und Handeln völlig übereinstimmen.

Chinesische Heilübungen wie z. B. Tai Chi Chuan und Qigong gehören heute fast schon zum Standardprogramm in der Gesundheitsförderung. Immer mehr Menschen erleben dadurch eine aktive Entspannung und die Einheit von Geist, Seele und Körper. Sie erleben, wieder frei atmen zu können und im Alltag geduldig zu sein, was wichtige Voraussetzungen für die Gesundheit sind.

Die Taiwan-Do-Akademie Krefeld verfolgt ebenso wie das Zentrum für Gesundheit das Ziel, ganzheitlich ausgerichtete Gesundheitsförderung zu betreiben. Gegenwärtig werden folgende Kurse im Zentrum für Gesundheit angeboten:

- Taiwan-Do für Kinder
- Taiwan-Do für Kinder mit Verhaltensauffälligkeiten
- Tai Chi Chuan als Breitensport
- Tai Chi Chuan als Bewegungstherapie bei Osteoporose
- Tai Chi Chi Kung (Qigong) als Breitensport
- Tai Chi Chi Kung (Qigong) als Atemtherapie

In Zukunft wird dies in einer gemeinschaftlichen Kooperation geschehen, um einem möglichst breiten Kreis der Bevölkerung diese Form der Gesundheitsförderung zugänglich zu machen.

Dipl. Soz. Helga Weyers

Entwicklungs-
geschichte
des Taoismus

Um 500 vor Christus betrat ein Mann in China die Weltbüh-
ne der Geschichte, der Li Erh hieß und später unter dem
Namen Laotse (= Ehrenwerter Lehrer) berühmt werden sollte.
Da er zu den legendären Erscheinungen gehört, sind die
Angaben über ihn teilweise widersprüchlich. Das philosophische Denken in China wurde dennoch durch ihn und einen weiteren berühmten Zeitgenossen – Konfuzius – entscheidend geprägt.

Während dieser in seinen philosophischen Überlegungen
»diesseits« ausgerichtet war, war es Laotse wichtig, über das
Leben nach dem Tode zu reflektieren; Konfuzius schuf eine
Moral- und Ethiklehre, die ein praktisches Leben der Menschen in einer Gesellschaftsstruktur aufzeigte – Laotse ging
in seiner Lehre weit darüber hinaus. Sein berühmtes Werk
Tao Te King (Das Buch vom Sinn und Leben; siehe Überset-
zung von Richard Wilhelm zu Tao Te King) erstellte er, als
ihn seine Reise durch eine Schlucht führte und er dabei auf
einen Söldner traf, der von ihm seine Zollabgabe forderte.

Die Legende besagt, daß dieser alte Söldner, gezeichnet aus
vielen Schlachten, selbst zum Taoisten geworden war. Als
nun Laotse auf ihn zukam, konnte er dessen außergewöhn-
liche Ausstrahlung wahrnehmen. Da Laotse über keine fi-
nanziellen Mittel verfügte, entgegnete er dem Zöllner, daß
er nichts habe, was er ihm als Zoll aushändigen könnte.
Daraufhin sprach dieser, wenn Laotse nichts als das
»Nichts« hätte, solle er ihm dieses »Nichts« doch geben.

Der Philosoph ließ sich nieder und schrieb in 81 Sprüchen
sein uns heute überliefertes Buch, das in die zwei Bereiche
der Sinn und *das Leben* gegliedert ist.

Tai Chi Chuan – Training im Rhythmus des Tages

Heute weiß man, daß der Taoismus in seinen Ursprüngen älter als Laotse sein muß, denn bereits das berühmte Buch der chinesischen Philosophie – das **I-Ging** *(Buch der Wandlungen)* –, das auch zu Orakelzwecken genutzt wurde und bereits lange dem chinesischen Volk bekannt war, baut auf der Polaritätslehre von **Yang** und **Yin** auf.

Genau diese Begriffe durchziehen aber das Buch vom Sinn und Leben, dem heutigen Grundlagenbuch des Taoismus.

Dieser ist die Lehre der polaren Kräfte des schöpferischen Yang und des empfangenden Yin. Der Taoist ist von der großen Sehnsucht erfüllt, diese dualen Energien in der Form zu harmonisieren, daß sie zu einer Einheit verschmelzen.

In dieser Einheit sind die Erscheinungsformen Yang und Yin aufeinander abgestimmt. Übertragen auf das Ergebnis des Tai-Chi-Chuan-Trainings würde dies bedeuten:

Der Mensch ist in Einklang mit sich, seiner Umwelt und seinen Mitmenschen, sprich: er ist in Harmonie. Das bedeutet nichts anderes als: Er ist gesund.

Heute unterscheidet man zwei gänzlich verschiedene Er-
scheinungsformen des Taoismus: die philosophische und
die religiöse. Während der religiöse Taoismus auf reiner
Götzenanbetung beruht, besitzt nur der philosophische
Taoismus die ungeheure Lebendigkeit, die dem Werk des
Laotse gerecht wird.

Auch bei der Ausübung der Traditionellen Chinesischen
Medizin (TCM), an der Tai Chi Chuan oder Qigong einen
bedeutenden Anteil hat, wird ausnahmslos von dem philosophischen Taoismus Gebrauch gemacht. Für das prakti-
sche Training spielt bei einem Anfänger dieses Wissen (genau wie die Grundkenntnisse der Anatomie und Physiolo-
gie) zunächst eine geringe Rolle; die Bedeutung
philosophischer und anatomisch/physiologischer Grundlagen ist dem Fortgeschrittenen jedoch eine entscheidende
Hilfe.

Chinesische Philosophie

Die Suche nach der Essenz und dem innersten Wesen der manifesten Dinge, die durch Liebe zur Weisheit motiviert war, wurde einst für das wahre Anliegen der Philosophie gehalten. In psychologischer Terminologie könnte dies als Suche nach der archetypischen Ebene der Realität ausgedrückt werden. Heutzutage wird man allerdings bei der geringsten Äußerung über die »Essenz« zum Okkultisten abgestempelt.

Aber wenn wir uns in der Welt umsehen und versuchen, unser eigenes Leben zu verstehen, müssen wir zugeben, daß im Vergleich zur Realität, die in den Massenmedien verbreitet wird, alles wirklich Bedeutsame okkult ist, im Sinne von verborgen.

Trotz all des angeblichen Wissens, das wir angesammelt haben, ist nirgendwo Bedeutung zu finden, außer in den Erkenntnisbereichen, die auf die eine Einheit zwischen Mensch und Universum hinweisen. Und diese Einheit von Mensch und Universum und ihre Beziehung zueinander ist tatsächlich die wichtigste Grundannahme der Philosophie.

> Die Universalphilosophie steht im Gegensatz zu allen relativen Philosophien und Religionsanschauungen.

Der philosophische Taoismus

Zu den relativen Philosophien und Religionen zählen alle vom Anbeginn der Menschheit bis heute entstandenen Philosophien und Religionen, die ihr Anfangsstadium durch-

Die Grundlage des Tai Chi Chuan: Pakwa, das Symbol des Taoismus.

machten, ihre Blütezeit erlebten und im Laufe der Zeit ihr Ende genommen haben bzw. ihr Ende finden werden.

Jede relative Philosophie bzw. Religion hatte und hat ihre eigenen GründerInnen. Alle relativen Philosophien und Religionssysteme unterliegen dem Gesetz der Vergänglichkeit, ohne Rücksicht darauf, ob die Dauer des einen oder anderen Systems Hunderte oder Tausende von Jahren zählte oder zählt.

Die Zeitdauer des Bestehens einer Lehre richtet sich stets nach ihren Gründern und Lehrern. Je mehr universale Gesetze eine Lehre beinhaltet, je mehr universale Wahrheiten sie vertritt, um so länger ist ihr Bestand.

Dagegen ist die Zeitdauer des Bestehens um so kürzer, je einseitiger, fanatischer und diktatorischer die Grundbegriffe sind.

Jedes System hatte und hat seinen guten Zweck und seine bestimmte Mission. Immer ist es ein gewisser Teilaspekt, der enthüllt wird, ein Stück der universalen Wahrheit und Gesetzmäßigkeit, ob nun in symbolischer Form oder in abstrakter Idee.

In jeder relativen Lehre, ganz gleich in welchem Zeitalter sie sich behauptete, sind in Bruchstücken einzelne Grundideen, die alle von der Universalidee ausgehen und auf die Gesetzmäßigkeit hinweisen, zu sehen. Jede Religion oder Philosophie hat solche Anhänger, deren Reife ihr System erfordert.

Je reifer der Mensch im Laufe seiner Evolution wird, um so näher kommt er den Universalgesetzen und dringt um so tiefer in dieselben ein, so daß ihn dann keine relative Anschauung mehr befriedigt.

Ein Mensch, der das Gesetzmäßige und Harmonische in allen Daseinsformen zu verehren versucht, ist reif geworden, eine Universalphilosophie zu ergründen.

In allen Schulungssystemen wird großer Wert auf verschiedene Formen der **Askese** gelegt. Vielfach sind diese zum Fanatismus entartet. Eine Abtötung des physischen Körpers wäre z. B. genau so einseitig, als würde man nur die rechte Körperhälfte trainieren und die linke vernachlässigen.

Die Anwendung asketischer Maßnahmen, wie verschiedene Diäten oder das **Fasten,** ist gerechtfertigt, um den Körper von verschiedenen *Schlacken* zu befreien oder *energetische Disharmonien* bzw. *Krankheiten* zu beheben. Jemand, der körperlich schwer arbeitet, wäre dumm, wenn er dem Körper Stoffe, die zu seiner Erhaltung unabdingbar notwendig sind, nur deshalb vorenthalten wollte, weil er sich privat mit Yoga oder irgendwelchem Mystizismus beschäftigt, was zu folgenschweren Schädigungen führen würde.

Vegetarismus z. B. ist für die geistige Entwicklung nicht notwendig, außer er dient als Mittel zum Zweck, wie z. B. der Entschlackung des Körpers, und wenn er für eine gewisse Zeitspanne durchgeführt wird, gleich jeder anderen einseitigen Diät oder Ernährungsvorschrift, je nach Indikation. Absoluter Unsinn ist auch die Idee gewisser unvollkommener Geistesrichtungen, daß durch den Genuß von Fleisch eines Tieres auch dessen tierische Eigenschaften angenommen würden.

Für eine **harmonische Entwicklung** ist nur eine **Mäßigkeit** in allen Gewohnheiten einzuhalten. Allgemeingültige Vorschriften lassen sich nicht geben, denn die Lebensweise eines jeden Menschen ist individuell. Jeder Mensch sollte am besten selbst wissen, was ihm bekömmlich ist und was ihm schadet, und sollte versuchen, sein Gleichgewicht zu erhalten, indem er mehr auf seine innere Stimme achtet als auf irgendwelche missionierenden Moralapostel.

Von einem universellen Standpunkt aus unterscheiden wir drei verschiedene Schichten der **Askese** oder **Persönlichkeitsschulung**:

• **Geistige Schulung:** Der Geistesschulung obliegt die Gedankenbeherrschung.
• **Seelenschulung:** Die Seelenschulung dient der Beherrschung der Leidenschaften bzw. der Harmonisierung und Veredelung des Charakters.
• **Körperschulung:** Die Körperschulung dient der Harmonisierung des Körpers durch einen mäßigen Lebenswandel und durch die Ausschöpfung der Bewegungsmöglichkeiten.

Diese drei Persönlichkeitsschichten müssen gleichzeitig und parallel entwickelt werden, um die Universalkräfte im

Individuum zur Wirkung kommen zu lassen und um nicht Fanatismen jeglicher Art anheim zu fallen.

Die Yin-Yang-Lehre (Polaritätslehre)

In dem Augenblick, da das schöpferische Prinzip, das **Wu Chi**, übersetzt das »Wahre Prinzip« (auf einem weißen Blatt durch einen nicht ganz geschlossenen Kreis dargestellt), aus dem Absoluten, der Quelle allen Seins und Nichtseins, dem **Tao**, hervortritt, werden der negative Pol, das **Yin**, und der positive Pol, das **Yang**, »geboren«, und damit die Polarität. Das »Eine« bringt die »Zwei« hervor.

Zwischen den beiden Polen entsteht eine pulsierende Bindung. Durch den nun entstehenden Rhythmus beginnt die Offenbarung des Lebens. **Polarität** und **Rhythmus** beleben das gesamte duale Universum. Das »Kreisen« in Bahnen gigantischer Himmelskörper im unendlichen Raum, der pulsierende Herzschlag der Lebewesen, unser Atem, unser Sein, all dies geschieht in einem Rhythmus, welcher der Polarität entspringt.

Positive und negative Energien lösen einander rhythmisch ab und verursachen positive und negative Zustände in vollkommenem Gleichgewicht. Der im Makro- und Mikrokosmos tätige Rhythmus wird in der taoistischen Philosophie durch die **Monade** versinnbildlicht.

Der Rhythmus des Lebens wird in der indischen Mythologie durch die tanzende Gestalt des Gottes Shiva dargestellt, da der Tanz eine Offenbarungsform des Rhythmus ist, eine bildhaftere Darstellung als die der Entstehung der beiden Urkräfte aus der Bewegung des **Wu Chi**, aber gleichen Inhalts.

Wie der **Makrokosmos**, das Universum, wird auch der **Mikrokosmos**, der Mensch, von positiven und negativen Strömen, dem **Yang** und dem **Yin**, belebt, und wenn diese Ströme sich in vollkommenem Gleichgewicht befin-

den, dann erfreut sich der Mensch vollkommener Gesundheit.

Yin und **Yang**, die primären Begriffe für eine Grundprämisse taoistischen Denkens, vermitteln uns die Vorstellung von der Polarität aller Ursachen und Wirkungen. In der symbolischen Darstellung der Monade schwingen **Yin** und **Yang** mittels ihrer Sinuskurve ineinander über und beinhalten in ihrem stärksten Anteil den Kern der anderen Polarität.

Yin wird **traditionell** durch die blaue Farbe und **Yang** durch die rote Farbe dargestellt, wobei Blau für die Kohäsion des Wasserelementes steht und Rot für die Expansion des Feuerelementes.
Aber: In den **populärwissenschaftlichen Veröffentlichungen** wird das **Yang**-Element durch eine weiße Farbe symbolisiert und das **Yin**-Element durch eine schwarze Farbe.

Die Polarität des Menschen

Der **Oberkörper** des Menschen, dem Universum zugewandt, wird dem **Yang** zugeordnet, und der **Unterkörper** entspricht dem **Yin**, denn mit den Füßen hält der Mensch den Kontakt zur Erde.
Wie unsere Erde hat auch der Mensch zwei Pole. Der Sitz des positiven Pols ist in der Schädeldecke bzw. im Hirn des Menschen, dort, wo der Haarwuchs in Form eines Spiralwirbels aus einem Punkt hervorgeht. Am Kopf von Kindern ist die Stelle, die vordere Fontanelle (Fons = Quelle), gut sichtbar, da dieser noch nicht verknöcherte, häutige Verschluß mit dem Puls und der Atmung auf- und abgeht. Der negative Pol sitzt im **Steißbein**. Zwischen beiden Punkten kreist ein Hochspannungsstrom, die *Lebenskraft* oder das *Chi*.

Die mikro- wie die makrokosmische Offenbarung des Lebens soll nun an dem taoistischen Polaritätssymbol, der **Monade**, verdeutlicht werden.

Blau (Schwarz) entspricht dem **Yin** und hat seine größte Konzentration in der unteren Hälfte und beinhaltet im Bereich seiner größten Konzentration bereits den roten (weißen) **Yang**-Kern.

Rot (Weiß) entspricht dem **Yang** und hat seine größte Konzentration in der oberen Hälfte; es trägt bereits den blauen (schwarzen) **Yin**-Kern in sich.

Das Gute hat immer auch ein Körnchen Böses in sich, so wie das Böse immer auch eine Spur Gutes in sich trägt (Sufi-Gleichnis). So enthält das **Yang** einen Teil **Yin** und das **Yin** einen Teil **Yang**:

Die **Monade** erklärt sich so, daß der Mensch in ihrer Mitte um die Mittagszeit zur Sonne steht, also mit seiner Vorderseite, die bekanntlich **Yin** ist (Yenn Mo), dem **Yang** zugewandt ist. Umgekehrt zeigt der Rücken, der **Yang** ist, zum **Yin**, zum Norden (Tou Mo).

Für die **Erklärung des Energiezyklus** ist es gleichgültig, welcher Anteil aus dem Entsprechungssystem gewählt wird.
- das **Yang** beginnt zu wachsen:
- in der Himmelsrichtung Norden
- im Jahreszyklus im Winter
- im Tag-Nacht-Zyklus um Mitternacht
- beim Menschen in der sog. **Yang**-Niere
- im Element Wasser

- Entsprechend der **Position des Menschen** – in der Mitte mit Blickrichtung zur Sonne – wächst auf seiner linken (**Yin**-)Seite das **Yang** (Rot bzw. Weiß):
  - entsprechend der Himmelsrichtung Osten
  - im Jahreszyklus im Frühjahr
  - im Tag-Nacht-Zyklus um 6.00 Uhr morgens
  - die Leber mit ihren Entsprechungen
  - im Element Luft/Holz,
dargestellt durch den **Yang**-Punkt in der unteren **Yin**-Hälfte.

- Weiteres **Wachstum bis zum Maximum** erfolgt:
  - in der Himmelsrichtung Süden
  - im Jahreszyklus im Sommer
  - im Tag-Nacht-Zyklus um 12.00 Uhr mittags
  - der Funktionskreis (Fk) Herz
  - im Element Feuer
    Yang im **Yang**.

- Zur Zeit des maximalen **Yang** beginnt das **Yin** zu wachsen:
  - in der Himmelsrichtung Westen
  - im Jahreszyklus im Herbst
  - im Tag-Nacht-Zyklus bei Sonnenuntergang um 18 Uhr
  - Funktionskreis Lunge
  - im Element Erde,
dargestellt durch den **Yin**-Punkt im linken **Yang**-Feld

- **Ende** des Zyklus und zugleich **Beginn** eines weiteren Zyklus erfolgt im maximalen **Yin**:
  - in der Himmelsrichtung Norden
  - im Jahreszyklus im Winter
  - im Tag-Nacht-Zyklus um Mitternacht
  - in der Niere
  - im Element Wasser,
in der unteren Hälfte, die **Yin** ist, also **Yin** im **Yin**.

Yang	Yin
Himmel	Erde
Sonne	Mond
Gold	Silber
Licht	Dunkel
Feuer	Wasser
Luft	Erde
Tag	Nacht
Wärme	Kälte
Sommer	Winter
Mittag	Mitternacht
Vater	Mutter
– männliches Prinzip	– weibliches Prinzip
– elektrisches Fluid	– magnetisches Fluid
Sohn	Tochter
Expansion	Gravitation
Bewegung	Ruhe
Wachen	Schlafen
Rechtsläufig	Linksläufig
Ungerade Zahlen	Gerade Zahlen
Rot (Weiß)	Blau (Schwarz)
Rechte Körperhälfte	Linke Körperhälfte
Kopf	Füße
Körperrückseite	Körpervorderseite
Region oberhalb des Zwerchfells	Region unterhalb des Zwerchfells
Außen	Innen
Kampfkunst	Gesundheitslehre

**Die universellen Energien vom schöpferischen Yang und ▷
empfangenden Yin ergänzen einander harmonisch.**

Yang im Yang
Süden
12.00 Uhr Mittag
Sommer
Fk Herz

Yang im Yin
Osten
6.00 Uhr
Frühjahr
Fk Leber

Yin im Yang
Westen
18.00 Uhr
Herbst
Fk Lunge

Yin im Yin
Norden
Mitternacht
Winter
Fk Niere

Aus der Spannung der expansiven Energien des Universums, die **Yang** sind, und den formgebenden, zusammenhaltenden Energien der Erde, die **Yin** sind, wird unsere Lebensenergie **Chi** gebildet, die durch die Tätigkeit des »dreifachen Erwärmers« geformt unser irdisches Leben gewährleistet.

Zur Erklärung: In der traditionellen chinesischen Medizin stellt der »dreifache Erwärmer« ein System von Hohlorganen dar, welche zwar Namen, aber keine Form haben. Es werden ein oberer, ein mittlerer und ein unterer Erwärmer unterschieden. Den »dreifachen Erwärmer« kann man sich als Energieverteilernetz vorstellen, welches die Funktion hat, die Energien und Körperflüssigkeiten im Körper in einer geregelten Weise zirkulieren zu lassen.

Die Fünf-Elemente-Lehre

Die Lehre von den fünf Elementen bietet eine Möglichkeit, den Makrokosmos (das Universum) wie auch den Mikrokosmos (den Menschen) anhand von fünf universellen Aspekten zu beschreiben.

Ausgehend von der Beobachtung natürlicher energetischer Zyklen wie des **Jahres-** oder **Tageskreislaufes** wurden den fünf Elementen im Laufe der Zeit in den verschiedensten Philosophien und Religionen eine ständig zunehmende Zahl von Phänomenen zugeordnet. Dabei machte das Bestreben nach universaler Gültigkeit der theoretischen Konzeption häufig die Zuhilfenahme recht skurriler Gedankenkonstruktionen erforderlich. So erklären sich auch die Unterschiede in der Zuordnung der Korrespondenzen bei den verschiedenen Autoren – je nach ihrer geistigen Reife und Aufnahmefähigkeit universeller Wahrheiten.

Eine Illusion ist es, zu glauben, daß eine einzig richtige Lehre von den fünf Elementen existiert. Die Autoren legen den Ursprung dieser Lehre nach Ägypten, Indien, China oder Tibet. Das Bestreben, diese Lehren zu vermischen oder ein System in ein anderes einzubinden, ist kaum zu realisieren.

Es dauert Jahrzehnte, um in ein System hineinzuwachsen, und dann sollte man bei diesem System bleiben und damit arbeiten. Jeder muß seine **eigene Vorstellung** entwickeln, der individuellen Reife entsprechend, und darauf bauen. Untereinander sind die verschiedenen Systeme nicht austauschbar, weil alle durch fehlerhafte Übertragung und bewußte oder unbewußte Manipulation Fehler beinhalten.

Die Wahrheit hängt von der individuellen Erkenntnis ab. Da wir alle ein und dieselbe Erkenntnis haben, können wir das Problem der Wahrheit nicht verallgemeinern. Deswegen hat jedes Individuum von seinem Standpunkt aus, je nach Reife und Erkenntnis, seine eigene Wahrheit.

Nur derjenige, der die absoluten Gesetze des Makro- und Mikrokosmos kennen sollte, könnte von einer absoluten Wahrheit sprechen. Kein Weiser würde jemandem, der dazu nicht reif genug ist, seine Wahrheit aufdrängen. Die betreffende Person würde diese wiederum nur von ihrem eigenen Standpunkt aus betrachten. Aus diesem Grunde ist es zwecklos, mit anderen Menschen über höhere Wahrheiten zu sprechen, ausgenommen mit solchen, die höheren Wahrheiten zustreben und für diese zu reifen beginnen.

Zur Wahrheit gehört auch die Fähigkeit, **Wissen** und **Weisheit** voneinander zu unterscheiden. Wissen ist auf allen Gebieten des menschlichen Daseins von der Reife, Aufnahmefähigkeit und Intelligenz des Verstandes und Gedächtnisses abhängig.

Es ist viel leichter Wissen denn Weisheit zu erlangen!

Weisheit hängt nicht im geringsten vom Wissen ab, obwohl beide bis zu einem gewissen Grad identisch sind. Die **Quelle der Weisheit** liegt in der Gottheit, also im Ursachenprinzip auf allen Ebenen der grobstofflichen, seelischen und geistigen Welt. Weisheit könnte auch als ein Entwicklungszustand des ICH betrachtet werden. Infolgedessen werden uns Erkenntnisse nicht nur durch den Verstand, sondern durch Intuition oder Inspiration eingegeben.

Der Weisheitsgrad bestimmt also die Entwicklungsstufe des Menschen!

Damit soll aber nicht gesagt werden, daß das Wissen vernachlässigt werden soll, im Gegenteil: Wissen und Weisheit müssen Hand in Hand gehen. Alles Erschaffene, sowohl der Makrokosmos als auch der Mikrokosmos, oder sowohl das Universum als auch der Mensch, ist durch die Wirkung der Elemente zustande gekommen. Die Wechselbeziehung von Yin (= magnetisches Fluid) und Yang (= elektrisches Fluid) bestimmt die Natur des Mikro- und des Makrokosmos, wobei die fünf Elemente als Werkzeuge der polaren Urkräfte Yin und Yang dienen. Das ganze Universum gleicht einem Uhrwerk mit ineinander greifenden und voneinander abhängigen Rädern. Selbst der Begriff Gottheit bzw. TAO ließe sich in Aspekte analog den Elementen einteilen.

Tao
Wu Chi
(1) Akasha oder Äther
Yin   und   Yang
(magnetisches Fluid)   (elektrisches Fluid)
(2) Wasser   (3) Feuer
(4) Erde   (5) Luft

Erst die fünf Elemente ermöglichen die Manifestation in der physischen Welt. Alle »10 000 Dinge« auf der Erde entstehen aus den fünf Elementen in unterschiedlicher Kombination. Einer chinesischen Legende nach kamen die fünf Elemente aus den verschiedenen Himmelsrichtungen, begleitet von klimatischen Faktoren, und schufen die Welt und den menschlichen Körper. Das Element Akasha bzw. Äther ist die Ursache der Entstehung der Elemente.

Als **erstes Element**, das aus dem Ursachenprinzip geboren wurde, gilt das *Feuer*. Dieses Element, wie auch alle weiteren, wirken sich nicht nur auf unserer grobmateriellen Ebene aus, sondern in allem, was erschaffen wurde.

Die **Grundeigenschaften** des feurigen Prinzips sind:
• die Hitze
• und die Expansion.

Deshalb waren im Anfang der Schöpfung das Feuer und *das Licht*. Das Licht hat das Feuer zur Grundlage.

Jedes Element hat 2 Polaritäten.
• Das Plus ist: das Aktive
                  das Aufbauende/Schaffende
                  das Erzeugende
• Das Minus ist: das Passive
                  das Zersetzende
                  das Vernichtende

Das Feuerprinzip hat die Expansion inne, die wir der Vorstellung halber als elektrisches Fluid bezeichnen. Dieses Elementeprinzip des Feuers ist tätig und latent in allem, was erschaffen wurde, also im ganzen Universum, im Sichtbaren wie im Unsichtbaren.

Dem **Licht** liegt das Feuerelement zugrunde. Aus diesem Grund birgt das Licht alle spezifischen Eigenschaften des Feuers:
• es ist leuchtend
• durchdringend
• expansiv

Der Gegensatz von Licht (Yang) ist die **Dunkelheit** (Yin). Die Dunkelheit liegt dem Wasserprinzip zugrunde und hat die entgegengesetzten Eigenschaften des Lichtes. Ohne Dunkelheit wäre Licht nicht nur nicht erkennbar, sondern es gäbe ohne Dunkelheit überhaupt kein Licht. Daraus ist zu ersehen, daß Licht und Dunkelheit aus dem Wechselspiel von zwei Elementen, dem Feuer und dem Wasser, entstanden sind.

Das Prinzip der **Luft**, ebenfalls aus dem Ursachenprinzip entstanden, nimmt eine Vermittlerrolle zwischen dem feurigen und dem wäßrigen Prinzip ein und stellt – sozusagen als Medium – das Gleichgewicht her.
Durch die Wechselwirkung von Feuer (Yang) und Wasser (Yin) ist alles erschaffene Leben Bewegung geworden.

Das luftige Prinzip hat in seiner Mittlerrolle
* vom Feuer die Eigenschaft der Wärme
* und vom Wasser die Feuchtigkeit

angenommen. Ohne diese beiden Eigenschaften wäre ein Leben nicht denkbar.
Das luftige Prinzip hat zwei Polaritäten. Positiv wirkt es lebenspendend, negativ vernichtend.

Ebenso wie das Prinzip des Feuers und das der Luft ist das Prinzip des Wassers aus dem Ursachenprinzip hervorgegangen.
Das Wasserelement hat folgende Grundeigenschaften:
* die Kälte
* und die Zusammenziehung (s. Gravitation)

Der aktive Pol ist der aufbauende, lebenspendende, ernährende und erhaltende. Der passive Pol ist zersetzend, gärend, zerlegend, zerteilend.
Die Grundeigenschaft des Wassers, die Zusammenziehung, nennen wir der Vorstellung halber magnetisches Fluid.
Das Feuerprinzip könnte allein nicht bestehen, hätte es sei-

nen Gegenpol, das Wasserprinzip, nicht in sich (siehe Monade). Infolgedessen haben wir es überall mit zwei Hauptelementen, ferner mit dem elektrischen und dem magnetischen Fluid als gegensätzlichen Polaritäten zu tun.

Das **Erdelement** entsteht aus der Wechselwirkung der Elemente Feuer, Luft und Wasser. Durch seine spezifischen Eigenschaften:
• Schwere und
• Erstarrung
schließt es die drei anderen Elemente in sich ein. Gerade diese Eigenschaften verleihen diesen Elementen eine konkrete Form. Gleichzeitig ist aber dem Wirken der drei Elemente eine Grenze gezogen worden, so daß infolgedessen Raum, Maße, Gewicht und Zeit entstanden sind. Das ge-

Tai Chi Chuan – die Lehre von der Bewegung

genseitige Wirken der drei Elemente ist zusammen mit dem der Erde vierpolig geworden, so daß das Erdprinzip auch als *vierpoliger Magnet* bezeichnet wird. Das Fluid in der Polarität des Erdelementes ist elektromagnetisch. Alle vier Elemente sind aus dem Ursachenprinzip (Wu Chi, Akasha, Äther oder Quinta Essentia) hervorgegangen.

Jede Kraft, jede Energie hat irgendeine innere Ursache, einen Keim, einen Urzustand, aus dem jedes Leben, jede Bewegung und jede Tätigkeit hervorgehen. Diese, sich im Urzustand befindliche potentielle Kraft ist der Urgrund aller Dinge und alles Erschaffenen, die Ursachensphäre. Es ist der Ursprung aller Gedanken und Ideen, die Quinta Essentia der Alchemisten, das ALLES IN ALLEM.

Jede Kraft und alle Materie gehen aus diesem Ursachenprinzip hervor. Im ruhenden, latenten Zustand ist es die Idee bzw. der Geist des Stoffes. Zu Beginn der Schöpfung beginnt es sich zu formen, und es entstehen die unzähligen Spielarten von Kraft und Stoff.

Tao
Wu Chi
(Ideenwelt)
Wahrnehmen bzw. Empfangen eines Gedankenbildes, bewußt oder unbewußt
Gefühlwahrnehmung
Begehren   Gleichgültigkeit   Ablehnung
Wunsch und Wille
Handlung

In jeder Lebensform ist das **Ursachenprinzip** gegenwärtig als eine Lebenskraft, die dazu dient, dem alles belebenden S**elbst** auf der stofflichen Ebene zur Entfaltung zu verhelfen.

Jede Kraft basiert auf dem Ursachenprinzip, das aus der Schwere, der Leichtigkeit, der Anziehung und der Abstoßung, dem Magnetismus und der Elektrizität, der Gravitation und der Fliehkraft besteht.

Es ist in der Luft, aber nicht die Luft selbst, es ist in der Nahrung, aber nicht die Nahrung selbst, auch ist es im Wasser enthalten und doch nicht identisch mit den chemischen Wasserbestandteilen, diese sind nur **Träger** des Ursachenprinzips, dessen gröbste Substrate die Salze sind. Da diese Metallverbindungen bzw. metallische Spurenelemente sind, ergibt sich auch der Elementenname Metall in der chinesischen Elementelehre.

Durch den Prozeß der Atmung nimmt der menschliche Organismus dieses Element auf (= analog dem indischen Prana). Mit Hilfe der bewußten **Tiefenatmung** wird eine erheblich größere Energiemenge aufgenommen als durch die normale Atmung. Diese zusätzlich aufgenommene Energie ist in den Energiezentren des menschlichen Körpers speicherbar.

Das Ursachenprinzip ist die **kosmische Lebenskraft**, deren Wirkung jede Schwingung des Universums bewirkt, wie z. B. das Keimen des Samenkorns im Frühling. In der menschlichen Zelle offenbart sich neben der Vitalität zusätzlich Intelligenz.

Das Bewußtsein

Der Organismus ist die Offenbarungsform des Geistes. Der Geist, der sich auf der stofflichen Ebene manifestieren will, entwickelt durch das Ursachenprinzip die geeigneten Organe und die seiner Reife und seinem Schicksal entsprechenden Körper auf der Erde. Das Ursachenprinzip ist also die das Universum erfüllende Lebensschwingung.

> Wollt Ihr lernen zu lernen, so lernt als erstes zu vergeben!

Von den zwölf Arbeiten des Herkules war die fünfte die Reinigung des Stalles von König Augias. Er vollbrachte diese Tat, indem er einen Fluß ableitete und durch den Stall hindurchfließen ließ. Auch Euer Bewußtsein ist ein solcher Augiasstall voller Irrtümer, Vorurteile und Einbildungen, in den Ihr einen Strom, Lethe, den Strom des Vergebens, einleiten müßt, um alles hinwegzuschwemmen.

Aber das wird eine wahre Herkulesarbeit sein, denn weitaus schwieriger als das Lernen ist das Vergeben.

Euer Bewußtsein, das seid Ihr (Erd-Element des Geistes)! Euer Wille (Feuer-Element des Geistes), Euer Verstand (Luft-Element des Geistes), Euer Empfinden (Wasser-Element des Geistes) stehen im Dienste Eures Bewußtseins. Die Transformation Eures Bewußtseins vermag aus Euch ganz neue Menschen zu machen, die in einer ganz anderen Welt leben. Denn mit dem Bewußtsein wandelt sich auch Euer Wollen, Denken und Fühlen.

Euer Bewußtsein ist der Spiegel der Welt!

Ist er trübe, so wird auch Euer Weltbild trübe sein. Fahrt mit dem Lappen darüber und putzt ihn blank. Sogleich wird Euch die Welt in hellerem Glanz erstrahlen. Nicht von heute auf morgen wird Euch diese Herkulesarbeit gelingen, aber um die Fortschaffung des angesammelten Bewußtseinsunrates bemüht, solltet Ihr wenigstens darauf achten, daß sich kein neuer Unrat dazuhäuft.

Was Ihr lest, bildet Eure geistige Nahrung, wie Speise und Trank Eure leibliche Nahrung bilden. Giftige Pilze und unmäßiger Drogengenuß vergiften Euren Leib. Schlechte Lektüre vergiftet Euren Geist, häuft Unrat in Euer Bewußtsein. Diese Mahnung erstreckt sich auch auf Euren Umgang, auf alles, was Ihr seht, hört und redet. Vertretet Eure Ansichten und Meinungen vorsichtig und zurückhaltend, denn Eure Ansichten und Meinungen von morgen werden nicht mehr die von heute sein. Eure Ansichten und Meinungen müssen und werden sich mit Euch wandeln. Auch schmerzliche Opfer wird die Wandlung von Euch verlangen.

Unter dem Unrat in Eurem Bewußtsein befindet sich manch gleißendes Stück, das Ihr nur ungern missen möchtet. Zögert nicht, auch diese Stücke hinauszuwerfen, denn diese sind die gefährlichsten, weil sie Eurer Erneuerung am hinderlichsten sind. Es soll Euch nicht leid um sie tun.

Einem unverständigen Kinde mag es leid tun, eine blinkende **Glaskugel** gegen eine matte **Perle** einzutauschen, da es den Unterschied im Wert noch nicht begreift. Ihr aber sollt den Unterschied zwischen Glaskugel und Perle endlich begreifen lernen. Das Gleichnis ist zutreffend. Die Glaskugel ist das gewöhnliche Bewußtsein (Erde des Geistes), die Perle das »Höhere Bewußtsein« (Akasha des Geistes).

Der Entwicklung des »Höheren Bewußtseins« muß daher unsere beste Sorge gelten. Ihr sollt nicht zweifelnd fragen: Ja, ist denn das auch möglich? Vermag der Mensch sich wirklich zu so schwindelnder Höhe aufzuschwingen? Und falls der eine oder andere es vermag, vermag ich es auch? So zweifelt der einfache Mensch auch, wenn er im Zirkus einen Illusionisten sieht, dessen Kunststücke ihm als ein Wunder erscheinen. Aber wenn er selbst die Schulung des Illusionisten durchgemacht, sie mit Eifer, Geduld und Ausdauer betrieben hätte, so hätte auch er Illusionist werden können und könnte die Kunststücke vorführen, die er jetzt mit offenem Munde bestaunt. Eifer, Geduld und Ausdauer sind die unerläßlichsten Vorbedingungen des Erfolges.

Drei Stufen gibt es in allem:
1) Sein
2) Bewußtsein
3) Wirklichkeit

Das Sein ist die oberste Stufe, die Wirklichkeit die unterste, das Bewußtsein aber liegt in der Mitte und hat Anteil sowohl am Sein als auch an der Wirklichkeit. Wir können das Bewußtsein den Spiegel der Wirklichkeit nennen und das Sein den Kern des Bewußtseins.

Von oben nach unten führt der Weg vom Sein zum Bewußtsein durch das Erkennen, vom Bewußtsein zur Wirklichkeit durch das Wollen. Und ebenso führt der Weg von unten nach oben von der Wirklichkeit zum Bewußtsein durch das Wollen, und vom Bewußtsein zum Sein durch das Erkennen.

Makrokosmos

1) Im Anfang war das Tao.

2) Aus dem Tao gingen die himmlischen Wesen hervor.

3) Die himmlischen Wesen bewohnen die unsichtbare Welt.

> Das ist mit anderen Worten und in mythologischer Einkleidung die gleiche philosophische Wahrheit:
>
> zu 1) Das Tao ist das reine Sein.
> zu 2) Die himmlischen Wesen stellen das Bewußtsein dar.
> zu 3) Die sichtbare Welt ist die Wirklichkeit.

Laßt Euch nicht täuschen durch die Beziehung »Wirklichkeit« und verwechselt diese nicht mit der Bezeichnung »Realität«. Realer als die Wirklichkeit ist das Bewußtsein! Und realer als das Bewußtsein ist das reine Sein!

Mikrokosmos

> Der Mensch besteht aus **Körper**, **Seele** und **Geist**:
>
> • Euer **Leib** ist das Werkzeug Eures Handelns, er ist vergänglich, Euer Anteil an der Wirklichkeit.
> • Der **Seele** obliegt eine Vermittlerrolle zwischen Geist und Körper.
> • Die Seele ist das empfindende Prinzip in Euch, die Trägerin des Bewußtseins.

Da der **Geist** seine Auswirkung ohne Vermittlung der Seele nicht zustande bringen würde, ist daher die Seele der Sitz sämtlicher Eigenschaften, die der unsterbliche Geist hat. Die Seelen der Menschen sind der Kampfplatz ihrer Leidenschaften, Sehnsüchte, Wünsche, Instinkte und Triebe. An der Front stehen unsere guten und schlechten Seeleneigenschaften.

Das Göttliche in Euch ist euer Anteil am Sein. Seine Eigenschaften entsprechend der Elemente-Lehre:
• Allmacht und Allkraft (Feuer)
• Weisheit, Reinheit und Klarheit (Luft)
• Liebe (Wasser)
• Allgegenwärtigkeit, Unsterblichkeit und somit Ewigkeit (Erde)

Nicht nur um des lieben Ich, sondern um der Schöpfung willen werden alle Suchenden verpflichtet (von ihrem »Höheren **Ich**«), ihre Tugenden zu fördern, ihre Leidenschaften und allen Unrat rücksichtslos auszumerzen. Wenn Ihr denkt und sprecht: »**Ich bin!**«, was meint Ihr mit diesem Ich?
Euren Leib, der nach dem Tode verwest? Nein! Ihr meint damit Euer Bewußtsein, oder genauer ausgedrückt, Euer Ich-Bewußtsein! Denn Bewußtsein hat auch das Tier. Aber das Bewußtsein des Tieres ist rein objektiv (= auf die Außenwelt, die Umwelt gerichtet), während das Bewußtsein des Menschen reflexiv (= auf sich selbst gerichtet) ist. Durch das Ich-Bewußtsein oder Selbstbewußtsein unterscheidet sich der Mensch vom Tier und steht im Mittelpunkt der Schöpfung.
Den Inhalt der **Schöpfung** bilden die Wesen, Tiere, Pflanzen und Mineralien, den Inhalt des **Bewußtseins** die Begriffe der Wesen, Tiere, Pflanzen und Mineralien, denn ehe die Wesen, Tiere, Pflanzen und Mineralien geschaffen waren, waren die Begriffe der Wesen, Tiere, Pflanzen und Mineralien bereits im Bewußtsein des Schöpfers.

Erschaffung, d. h. Hervorbringen einer Schöpfung bedeutet also nichts anderes als die Verwandlung von Begriffen in die Wirklichkeit durch einen Bewußtseinsakt, nämlich durch das Wollen.
Drei Stufen gibt es in allem:
- Sein
- Bewußtsein
- Wirklichkeit

Der Glaube

Das Sein ist die oberste Stufe, die Wirklichkeit die unterste, das Bewußtsein aber liegt in der Mitte. Wollen wir uns zum höheren Bewußtsein erheben, so müssen wir vor allem eine Fähigkeit oder Kraft in uns entwickeln, die zwar bei allen Menschen vorhanden, bei den meisten aber verkümmert ist, den Glauben!

Der **Glaube** ist diejenige Kraft des Geistes, der Begriffe in Wirklichkeit verwandelt.

Der Glaube also ist es, der im Bewußtsein den Funken entzündet, es zum höheren Bewußtsein erhebt. Durch die Entwicklung des Bewußtseins zum höheren Bewußtsein öffnet sich der Mensch dem Sein.

Durch den Glauben wird sein Wollen erst wirksam, d. h. fähig, in der sichtbaren Welt – der Wirklichkeit – zu schaffen und zu walten.

»Ich glaube«, wie oft hört man diese Aussage, aber wie schwach klingt es meist im Munde der Menschen? »Ich glaube, mein Vorhaben wird gelingen.«

Das bedeutet aber nicht mehr, als daß ich es für wahrscheinlich halte.

Der Glaube jedoch als diejenige Kraft des Geistes, die Begriffe in Wirklichkeit verwandelt, ist eine unwiderstehliche Kraft, die Vorsehung zu erfüllen, da er identisch ist mit dem allwaltenden Naturgesetz.

Wenn Ihr nun nach vollzogener Reinigung Eures Bewußtseins darangeht, es wieder zu füllen, was ist das erste, das darin Platz finden muß?

Versucht die schlechten Charaktereigenschaften durch gute zu ersetzen.

Was Ihr allein braucht, sind Glaube und Wille!

• Der Glaube ist eine Frucht der Erkenntnis.

• Der gewöhnliche Mensch gelangt zur Erkenntnis durch Erfahrung und Überlegung.

• Auf Erfahrung und Überlegung beruht alles Wissen und aller gemeine Glaube.

• Wer sich dem »Höheren Bewußtsein« öffnen möchte, muß sich noch eine weitere Erkenntnisquelle erschließen, die Intuition durch **geistige Exerzitien (Meditation).**

Auf dieser Intuition beruht alle höhere Weisheit!

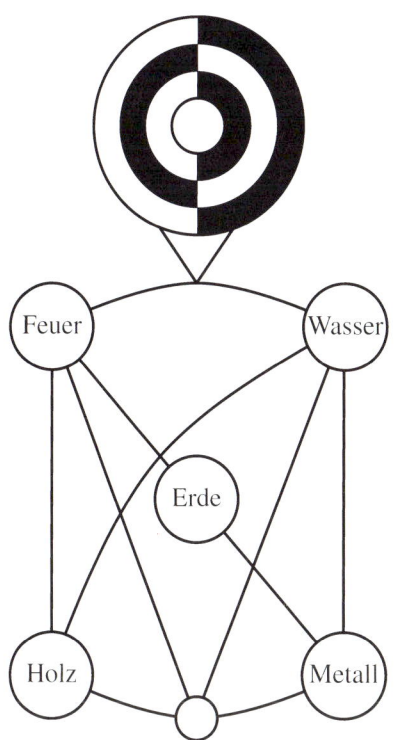

Die Chi-Lehre (Energielehre)

Chi wird zumeist mit **Lebenskraft** bzw. **Lebensenergie** übersetzt. Um den Begriff *Chi* verständlich zu erklären, müssen wir aber etwas weiter ausholen:

Das Ich ist mit einem Körper bekleidet und »strömt« unter Zuhilfenahme des Nervensystems sich selbst, das **Leben**, in alle Teile des Körpers und erfüllt diesen in vollkommenem Gleichgewicht mit Harmonie. Das **Ich**, der Mensch, ist sowohl sendend (Yang-positiv) als auch empfangend (Yin-negativ). Innerhalb seiner aus den Gegensätzen verwobenen Persönlichkeit muß er das absolute Gleichgewicht wahren. Das heißt, er muß die Gegensätze miteinander verbinden, untereinander ergänzen, in sich selbst ausgleichen.

Einen weiteren Gegensatz bilden auch **Geist** und **Körper**. Das Gesetz des Geistes ist die *Selbstlosigkeit*, das des Körpers die *Selbstsucht*. Es ist Aufgabe des Menschen, die zwei Extreme in Harmonie zu verbinden: Geist (Yang), Selbstlosigkeit und Körper (Yin), Selbstsucht.

Der reife Mensch gebraucht den Körper nicht zum Selbstzweck, sondern als Offenbarungswerkzeug des unsterblichen Geistes und füllt ihn harmonisch mit Energie, so daß man diesen Körper als eingelebt bezeichnen kann. Das ICH des Durchschnittsmenschen befindet sich noch auf einer relativ niedrigen Entwicklungsstufe. Demzufolge ist auch sein Körper noch nicht in der Weise eingelebt wie der desjenigen, der versucht, ihn harmonisch zu beleben. Die Körperbewegungen des in seinem Körper eingelebten Menschen wirken graziler und geschmeidiger. Ist eines Menschen **Ich**,

selbst wenn es auf niedriger Stufe steht, gleichmäßig entwickelt, und fließen die positiven und negativen Ströme der
Lebensenergie »Chi« im Gleichgewicht, so ist der Mensch
gesund. Der Körper ist Träger der Seele und Werkzeug des
unsterblichen Geistes. Die Sinnesorgane ermöglichen es
dem Körper, sich im Physischen zu orientieren. Ein gut
funktionierender, gesunder Körper ist für das Leben wichtigste Voraussetzung, und jeder Mensch sollte soviel wie möglich dazu beitragen, seinen Körper gesund zu erhalten.

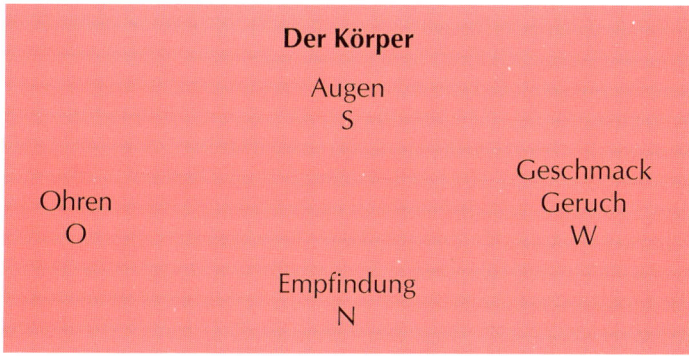

Der Körper

Augen
S

Geschmack
Geruch
W

Ohren
O

Empfindung
N

Geist, Seele und Körper stehen in ständiger Wechselwirkung zueinander. Der Körper ist als eine miteinander ver-
bundene Gemeinschaft von Lebewesen zu betrachten. Die
Zellen werden belebt durch bewußt wirkende geistige Kräfte und bilden lauter kleine Bausteine.

Der Geist

Wille
S

Verstand
O

Ich-Bewußtsein
W

Gefühl
N

So wie der Körper in Verbindung aller Organe die Seele trägt, durchströmen bewußt wirkende Wesenheiten (= Seelenwesensteile) die Organe und Zellen und bilden zusammen den Lebensstrom, das *Chi*.

Das Chi entsteht durch die Verbindung der kosmischen Energie oder Atemenergie *(Yang)* mit der irdischen Nahrungsenergie *Yong* (Elementestoff der grobstofflichen Nahrung = Energiegewinn durch die Aufspaltung der Nahrung), die **Yin** ist, verbunden durch die Tätigkeit des »dreifachen Erwärmers« (= 3E).

Oder anders gesagt: Das *Chi* entsteht also aus der bipolaren Spannung zwischen Atemenergie *(Yang)*, die herabtransformiert werden muß, und Nahrungsenergie *(Yin)*, die herauftransformiert werden muß, wobei die Rolle des Transformators der »3E« spielt, der das Bindeglied zwischen Körper und Seele ist.

Die Meridiane

Die Bahnen dieses Lebensstromes im menschlichen Körper sind die **Meridiane** (= Energieleitungsgefäße) der Klassischen Chinesischen Medizin (TCM). Diese Energieleitungsbahnen sind über den ganzen Körper verteilt.

Wir kennen zwölf paarige Meridiane, die jeweils einem Organ zugehörig sind und dieses beeinflussen. Eine Ausnahme macht nur der »3E«, der kein irdisches Organ ist, sondern eine Matrize zwischen Seele und Körper darstellt.

In der Traditionellen Chinesischen Medizin stellen die **Drei Erwärmer** ein System von Hohlorganen dar, welche zwar Namen, aber keine Form haben. Es werden ein oberer, ein mittlerer und ein unterer Erwärmer unterschieden. Den »3E« kann man sich als ein Energieverteilernetz vorstellen, welches die Funktion hat, mittels der Energien die Körperflüssigkeiten im Körper in einer geregelten Weise zirkulieren zu lassen:

• Die Energie des oberen Erwärmers zirkuliert in Lunge, Herz und Kreislaufsystem.

Im Hochleistungssport lassen sich Leistungsgrenzen durch das Erwecken der inneren Energie »Chi« noch weit ausdehnen (Autor Frerker mit Kraftdreikämpfer Michael Brügger).

• Die Energie des mittleren Erwärmers zirkuliert in Magen, Milz und Pankreas (Bauchspeicheldrüse).
• Die Energie des unteren Erwärmers zirkuliert in Leber, Niere und Blase.

Unter den zwölf paarigen Meridianen sind sechs Meridiane dem **Yin** (magnetisches Fluid) und sechs Meridiane dem **Yang** (elektrisches Fluid) zugeordnet, wobei die **Yin**-Meridiane auch Yang-Anteile haben und umgekehrt. Außer diesen zwölf paarigen Organen gibt es noch Meridiane, die mit keinem Organ verbunden sind.

Die Seelenwesensteile bilden das Chi und bewegen sich – sinnvoll gelenkt – in den Meridianen. Sie lösen und binden; entfernen, was zuviel oder abgenutzt ist und lenken Baustoffe und Energie an jene Körperstellen, wo diese benötigt

werden. Diese Seelenwesensteile gehorchen unseren geistigen Gedankenimpulsen. Dies zeigt auch, wie wichtig es ist,
wie wir uns selbst sehen und welche Bilder über unser
Wohlbefinden wir als Signal unseren Seelenwesensteilen
senden.

Hinter jeder Kraft stehen Weisheiten, da wir als Mikrokos-
men in einem belebten Universum (= Makrokosmos) leben.
Wenn irgendwo sich etwas bewegt, steht immer eine unsichtbare Wesenheit dahinter.

Wenn wir erkennen, daß unser Körper das Ergebnis sinn-
vollen Zusammenwirkens unzähliger Wesenheiten ist,
und beachten, daß diese Wesenheiten auf Impulse unserer Gedanken und Gefühle (die ja wiederum auch Wesenheiten sind), reagieren, werden wir versuchen, unseren Körper nicht nur durch eine vernünftige Lebensweise, sondern auch durch richtiges Denken und Fühlen
gesund zu erhalten.

Eine Lernhilfe: Autogenes Training

- Schließe Deine Augen.
- Du atmest tief und ruhig.
- Du bist ganz ruhig und entspannt, locker und gelöst.
- Dein rechter Arm ist schwer, ganz schwer, so schwer
  wie Blei.
- Dein linker Arm ist schwer, ganz schwer, so schwer
  wie Blei.
- Beide Arme sind schwer.
- Dein linkes Bein ist schwer, ganz schwer, so schwer
  wie Blei.
- Dein rechtes Bein ist schwer, ganz schwer, so schwer
  wie Blei.
- Beide Beine sind schwer.
- Dein ganzer Körper ist schwer.
- Es atmet Dich tief und fest.

- Die Außenwelt versinkt um Dich.
- Jedes Geräusch, welches Du wahrnimmst, vertieft die Übung.
- Konzentriere Dich nun auf Deinen rechten Arm.
- Dein rechter Arm ist strömend warm.
- Wie warmes Wasser strömt es von Deinem Herzen in Deinen rechten Arm.
- Konzentriere Dich auf Deinen linken Arm.
- Dein linker Arm ist strömend warm.
- Wie warmes Wasser strömt es von Deinem Herzen in Deinen linken Arm.
- Konzentriere Dich jetzt auf Dein rechtes Bein.
- Dein rechtes Bein ist strömend warm.
- Wie warmes Wasser strömt es von Deinem Herzen in Dein rechtes Bein.
- Konzentriere Dich nun auf Dein linkes Bein.
- Dein linkes Bein ist strömend warm.
- Wie warmes Wasser strömt es von Deinem Herzen in Dein linkes Bein.
- Dein ganzer Körper ist angenehm schwer und warm.
- Es atmet Dich.
- Du konzentrierst Dich jetzt auf Dein Sonnengeflecht.
- Dein Sonnengeflecht ist strömend warm.
- Bei jedem Einatmen speichert sich die Wärme in Deinem Sonnengeflecht.
- Bei jedem Ausatmen strömt die Wärme Deines Sonnengeflechtes in den ganzen Körper.
- Du konzentrierst Dich nun auf Deine Stirn.
- Deine Stirn ist angenehm kühl.
- Wie wenn ein leichter Windhauch über sie hinwegstreicht.
- Du fühlst Dich wohl und zufrieden.
- Deine Alltagssorgen sind verschwunden.
- Wenn ich die Übung zurücknehme, bist Du frisch und munter wie nach einem erquickenden Schlaf.
- Ich nehme die Übung jetzt langsam zurück.
- Atme kräftig aus.

Sich konzentrieren und entspannen zu können, ist eine Fähigkeit, die auch im täglichen Leben von Bedeutung ist.

- Du beugst deine Arme, streckst die Beine und reckst Dich wie nach einem erholsamen Schlaf.
- Die Übung ist beendet.
- Augen auf!

Ralf Puschmann

Anatomie und Physiologie des Bewegungsapparates

Stellen wir uns einmal vor, wir würden einen Menschen des östlichen Kulturkreises bitten, eine unbekannte Landschaft für uns zu erkunden. Käme er unserer Bitte nach, so würde er sich dort wahrscheinlich eine ganze Zeitlang niederlassen, Berge und Täler durchwandern, die Farben der Landschaft genießen, den Wechsel der Jahreszeiten erleben, Tiere und Pflanzen beobachten. Später würde er uns dann von seinen Erfahrungen und Gefühlen berichten, so daß wir die Schönheit des Landes durch seine Augen sehen könnten.

Wenn wir die gleiche Bitte an einen westlichen Wissenschaftler richten, so wird er wahrscheinlich Luftaufnahmen der entsprechenden Gegend machen und uns bald eine exakte Landkarte aushändigen.

Zwei vollkommen unterschiedliche Ergebnisse, die doch Abbilder der gleichen Wirklichkeit sind.

Ähnlich verhält es sich mit dem Versuch, die Auswirkungen des Tai Chi Chuan auf unseren Körper verständlich zu machen:

> Die traditionelle chinesische Medizin geht von einer allumfassenden **energetischen Kraft** *(Chi)* aus, die den menschlichen Körper entlang der sog. Meridiane durchströmt und für die Aufrechterhaltung aller Lebensprozesse verantwortlich ist. Das Tai Chi Chuan soll diesen Energiestrom in Gang halten, mögliche Blockaden überwinden helfen und damit Krankheitsprozessen entgegenwirken.

Diese Sichtweise stößt auf die Grenzen westlich-naturwis-
senschaftlichen Denkens: Unser Wissen leitet sich nicht aus
der Intuition, sondern aus dem Reich des Intellekts ab, dessen Grundlage das Messen, Vergleichen, Analysieren und
Kategorisieren ist. So konstruieren wir eine Landkarte unserer Wirklichkeit und schaffen uns Orientierung.

Im folgenden Kapitel soll über die Darstellung anatomisch-
physiologischer Grundlagen eine solche Karte gezeichnet
werden, um einen neuen Zugang zum Tai Chi Chuan zu
eröffnen.

Damit sollen die anderen Wahrnehmungsebenen jedoch
keinesfalls herabgesetzt werden. Im Gegenteil: Entscheidet
man sich aus sportphysiologischen Gründen, Tai Chi Chuan
zu üben, so wird man bald durch neue Erfahrungen auch
diese anderen Wahrnehmungsebenen erschließen. Rationa-
lität und Intuition können dann miteinander verschmelzen
und zu einem vollständigeren Bild der Wirklichkeit führen.
Um es mit den Worten Werner Heisenbergs zu sagen: »Die
fruchtbarsten Entwicklungen haben sich überall dort erge-
ben, wo zwei unterschiedliche Arten des Denkens zusam-
mentrafen.«

Anatomie und Physiologie des Bewegungsapparates

Die Knochen

Härte, Stabilität und Festigkeit sind Eigenschaften, durch die
sich das Skelett von den anderen Bestandteilen des Körpers
deutlich abhebt. Knochen erscheinen als leblose, starre
Substanz.

Doch das Knochenmaterial lebt: es besteht nicht nur aus
widerstandsfähiger Hartsubstanz (organische Grundsub-
stanz und Mineralsalze), sondern eben auch aus lebenden
Zellen.

Sie sind wie eine ständig bereitstehende Arbeitskolonne in
der Lage, Form und Struktur des Knochens immer neuen
Belastungen anzupassen:

• Knochenbildende Zellen (Osteoblasten) sind sozusagen als »Maurer« für den Aufbau der Knochensubstanz zuständig.
• Knochenabbauende Zellen (Osteoklasten) sorgen als »Abrißexperten« für die Entfernung alter und nicht benötigter Knochenmasse.
• »Instandsetzungszellen« (Osteozyten) kümmern sich um den Erhalt der Knochensubstanz.

Dieses Zellteam arbeitet nach einem höchst intelligenten Konstruktionsprinzip: Wie bei einem Fachwerkbau wird der Knochen in seinem Innern durch ein Bälkchensystem so verstrebt, daß die von außen wirkenden Zug- und Druckbelastungen optimal aufgefangen werden. Maximale Stabilität bei einem Minimum an Materialaufwand ist das Ergebnis dieser ökonomischen Bauweise.

Die hohe funktionelle Anpassungsfähigkeit wird durch einseitige körperliche Belastung natürlich in die falsche Richtung gelenkt: Dauerhafte Fehlhaltungen mit verstärktem **Gelenkverschleiß** können die Folge sein.

Aber seine **Plastizität** macht den Knochen eben auch trainierbar. Wenn wir unser Zellteam im Knochen durch funktionelle und ausgewogene Trainingsbelastung auf Trab halten, bleiben positive Wirkungen nicht aus:

• **Mechanische Beanspruchung** führt zu einer Verdichtung der Schwammsubstanz. So wird eine erhöhte Widerstandsfähigkeit des Knochens erreicht.

• Die **Anregung des knocheneigenen** Stoffwechsels führt zu einer verstärkten Einlagerung von Mineralsalzen und damit zu erhöhter Festigkeit. Dies ist von großer Bedeutung für die Vorbeugung von Degenerationsprozessen im Knochen, wie der *Osteoporose*. Bei dieser weitverbreiteten Alterskrankheit, von der besonders Frauen betroffen sind, kommt es zu einem Masse- und Dichteverlust des Knochens. Schmerzen, Knochenverkrümmungen und erhöhte Bruchgefahr sind die Folgen.

Genug Gründe also für ein regelmäßiges Bewegungstrai-

ning, das die Formbarkeit dessen, was unserem Körper
Form gibt, stärker berücksichtigt und unsere Knochen stabi-
ler und gesünder macht.

Die Gelenke

Sie machen beweglich und sind verwundbar zugleich: Unsere Gelenke sind anatomische Wunderwerke, die uns eine
erstaunliche Bewegungsvielfalt ermöglichen, andererseits
aber auf Unfälle und Verschleiß empfindlich reagieren. Die
Kenntnis ihrer sensiblen Mechanik kann uns helfen, Verletzungen zu vermeiden und Verschleißprozessen vorzubeugen.

Alle Gelenke sind im wesentlichen aus den gleichen
Grundbausteinen aufgebaut. In Form und Funktion un-
terscheiden sie sich jedoch ganz erheblich voneinander:
• **Scharniergelenke** wie das Ellenbogengelenk erlauben
Bewegungen um eine Achse.
• **Sattelgelenke** wie das Daumengrundgelenk und **Ellip-
soidgelenke** wie das Handgelenk besitzen zwei Haupt-
achsen.
• **Kugelgelenke** wie das Schulter- oder Hüftgelenk er-
möglichen vielfältige Bewegungen in alle Richtungen.

Besonders der Vergleich von **Hüft- und Schultergelenk**
macht deutlich, wie Mobilität und Stabilität in einem entge-
gengesetzten Verhältnis zueinander stehen:
Das **Schultergelenk** ist das mobilste Gelenk unseres Kör-
pers. Wir können uns nach der Zuckerdose ganz oben im
Regal recken, uns im Nacken kratzen oder mit unglaubli-
cher Eleganz einen Geigenbogen führen.
Ursache für diesen weiten Bewegungsspielraum: Die
Fläche des Oberarmkopfes ist etwa viermal größer als seine
Pfanne im Schulterblatt und ruht darin ähnlich labil wie ein
Golfball auf dem kleinen Abschlagstift.
Bei dieser geringen Knochenführung des Schultergelenkes
müssen Muskeln die Führung und Stabilisierung des Gelen-

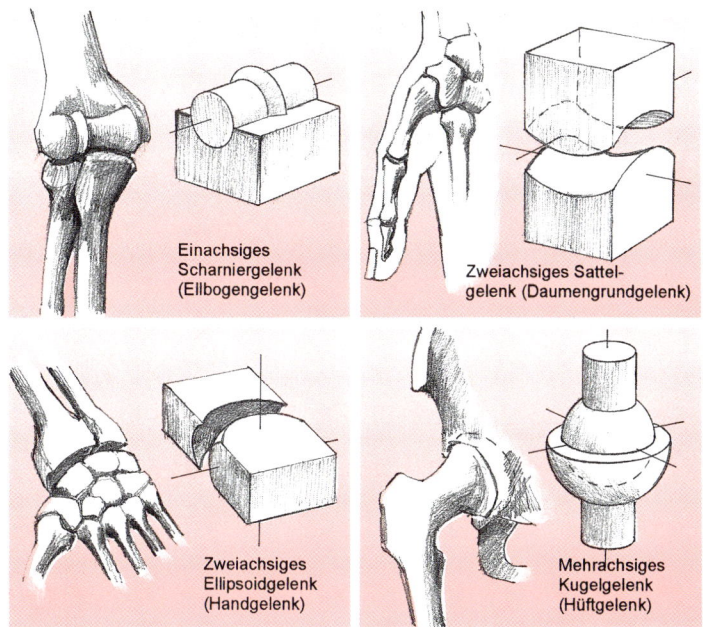

Einachsiges
Scharniergelenk
(Ellbogengelenk)

Zweiachsiges Sattel-
gelenk (Daumengrundgelenk)

Zweiachsiges
Ellipsoidgelenk
(Handgelenk)

Mehrachsiges
Kugelgelenk
(Hüftgelenk)

**Die Gelenke machen uns beweglich und verwundbar zugleich.
Wir unterscheiden Scharnier-, Sattel-, Ellipsoid- und Kugelgelenke.**

kes übernehmen. Sie umgreifen den Oberarmkopf wie eine
straffe Manschette und pressen ihn gegen die Schulterblatt-
pfanne. Natürlich macht diese Form der Sicherung das Gelenk anfälliger als eine ausgeprägte Knochenführung. Potentielle Instabilität ist hier der Preis für hohe Mobilität.

Wichtig ist deshalb eine gut trainierte Schultermuskula-
tur, die ihre Schutzfunktion optimal erfüllen kann.

Anders sieht es beim **Hüftgelenk** aus. Hier stehen hohe
Tragfähigkeit und Stabilität im Vordergrund. Die tiefe Hüft-
gelenkpfanne umfaßt den Oberschenkelkopf wie ein Eier-
becher das Frühstücksei. Man spricht von einer ausgepräg-
ten Knochenführung. Eingeschränkte Mobilität ist hier der
Preis für hohe Stabilität.

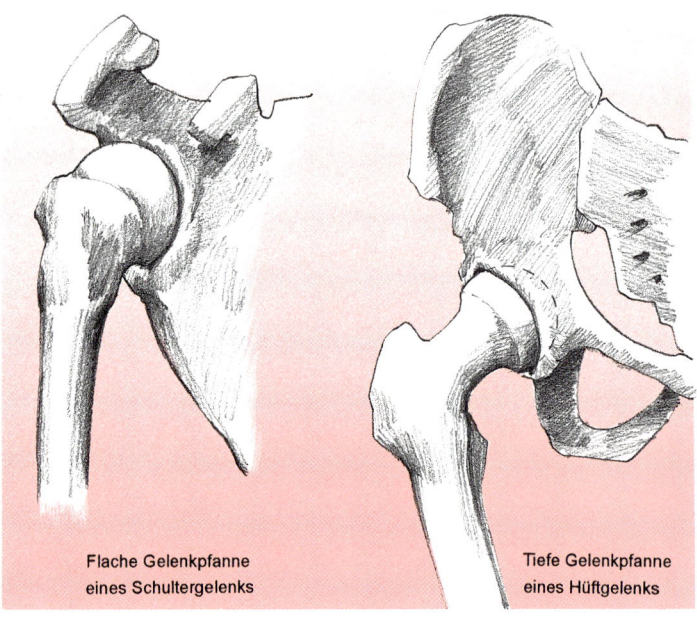

Flache Gelenkpfanne
eines Schultergelenks

Tiefe Gelenkpfanne
eines Hüftgelenks

Verschiedene Arten der Gelenkpfanne

Bei allen Unterschieden ist jedes Gelenk mit den gleichen
Bestandteilen ausgerüstet, nämlich mit Gelenkknorpel, Gelenkkapsel, Gelenkschmiere, Bandapparat und Muskulatur.
An ihren Berührungsbestandteilen sind die knöchernen Gelenkpartner von **Gelenkknorpel** überzogen. Er ist der Puffer
und die Gleitschicht zugleich. Er kann sich Belastungen
durch Dickenwachstum anpassen und schrumpft bei Ruhig-
stellung des Gelenkes. Jede Zerstörung des Knorpels durch
Fehl-, Über- oder Minderbelastung beeinträchtigt die Funktion des Gelenkes wesentlich.
Umschlossen wird das Gelenk von einer **Gelenkkapsel,** die
einem doppelschichtigen Schlauch gleicht. Der innere Anteil produziert die Gelenkschmiere und ist damit für die
Ernährung des Gelenkknorpels verantwortlich. Mangelnde
Bewegung führt nicht nur zu einer Schrumpfung der Gelenkkapsel, sondern aufgrund einer Durchblutungsminde-
rung der inneren Schicht zu einer Minderversorgung des

Gelenkknorpels. Degenerationserscheinungen sind die Folge.

Die **Gelenkschmiere** hat zwei Aufgaben: Sie hält die Reibung zwischen den Knorpelflächen so gering wie möglich und versorgt den Gelenkknorpel mit Nährstoffen. Das ist deshalb so wichtig, weil der Knorpel nicht direkt mit den Blutgefäßen in Verbindung steht.

Der **Bandapparat** verstärkt die Gelenkkapsel, sorgt für den Zusammenhalt der Gelenkpartner und sichert die Bewegung in Richtung der Gelenkachsen. Eine Lockerung des Bandapparates durch Verletzungen oder funktionelle Bewegungen, die keine Rücksicht auf die Gelenkachsen nehmen, führen so unweigerlich zur Gelenkinstabilität.

Gelenkstabilisation und aktive Bewegung sind die Aufgaben der gelenküberspannenden **Muskulatur.** Der einzelne Muskel strahlt über seine endständigen Sehnen in die Knochenhaut der Gelenkpartner ein.

Der Zustand der Muskulatur hat großen Einfluß auf die Gelenkfunktion: Schwache Muskeln führen das Gelenk nur unzureichend und begünstigen den Verschleiß, während eine gut durchtrainierte Muskelmanschette das Gelenk schützt.

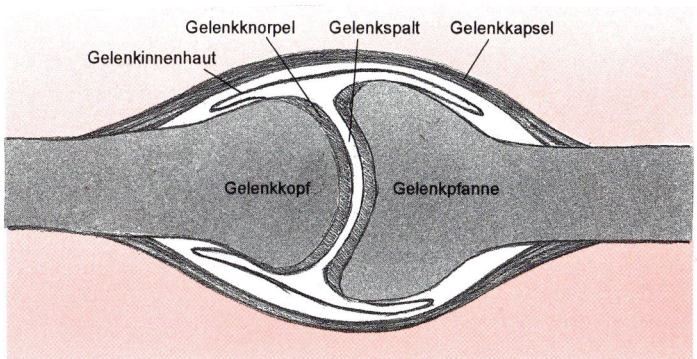

So funktioniert ein Gelenk.

Nur wenn alle diese Komponenten unversehrt sind, findet ein reibungsloser Gleitvorgang im Gelenk statt. Nimmt ein

Baustein Schaden, werden die anderen unweigerlich mitbetroffen.

Gelenkverschleiß hat vielfältige Ursachen:
• Sportliche **Überbeanspruchung**, einseitige Belastung im Beruf und Fehlhaltungen können zu Knorpelschäden führen, die einen Teufelskreis einläuten.
• Der **Knorpelabrieb** verursacht die Freisetzung von aggressiven Gewebssubstanzen, die wiederum Knorpel auflösen und den Verschleißprozeß beschleunigen.
• Auch die **Gelenkinnenhaut** wird angegriffen, es entstehen Schmerzen und Bewegungseinschränkungen.
• Die Schonhaltung und verminderte Belastung eines solchen Gelenkes wirkt sich wiederum ungünstig auf die Ernährung des Gelenkknorpels aus – der Knorpelschwund wird weiter beschleunigt.

Aber wir müssen es erst gar nicht so weit kommen lassen. Die große Anpassungsfähigkeit und Flexibilität der einzelnen Gelenkkomponenten machen es möglich, den Gelenkverschleiß zu bremsen oder zu vermindern.

An erster Stelle steht natürlich die Vermeidung von Überbelastungen. Aber das darf **nicht zu allgemeiner Bewegungsarmut führen**, sonden sollte in ein ausgewogenes, altersangepaßtes Training münden. Denn vernünftige sportliche Tätigkeit vermag die Leistungsfähigkeit unserer Gelenke ganz erheblich zu steigern:

• Schon **kurzzeitige Belastung** führt zu einer Verdickung der Knorpelflächen und damit zu einer breiteren Auflagefläche.

• **Bewegung** verbessert die Durchblutung der inneren Gelenkkapsel und erhöht dadurch die Produktion von Gelenkschmiere. Bessere Versorgung des Gelenkknorpels mit Nährstoffen ist das Ergebnis.

• **Kräftigung der Muskulatur** bedeutet eine effektivere Stabilisierung und Führung des Gelenkes.

• Durch **funktionelle Dehnung** der Muskeln und Sehnen

läßt sich eine deutlich gesteigerte Gelenkbeweglichkeit erreichen.

Tai Chi Chuan gehört zu den Trainingsformen, die besonders bei älteren und untrainierten Menschen das richtige Maß zwischen dem ungesunden »Zuviel« und dem »Zuwenig« an Bewegung bieten.

Das Sprichwort »Wer rastet, der rostet« trifft, was die Bedürfnisse unserer Gelenke angeht, den Nagel auf den Kopf.

Die Wirbelsäule

Es ist zwar anatomisch ungenau, beschreibt die Misere aber um so besser: Die Wirbelsäule ist unsere *Achillesferse*.
Viele Menschen zahlen heute mit ihren Wirbelsäulenschäden einen schmerzhaften Tribut an den aufrechten Gang – Rückenleiden sind eine Volkskrankheit. Die Ursachen hierfür sind vielfältig. Es fängt damit an, daß wir mindestens ein Drittel unserer Lebenszeit auf viel zu weichen, durchgelegenen Matratzen verbringen. Am Arbeitsplatz wird das Kreuz dann viele Stunden durch falsches Sitzen gequält. Haltungsfehler und die erschreckende Bewegungsarmut im Zeitalter der Rolltreppen, Fahrstühle und motorisierten Briefkastengänge tragen das ihre dazu bei: Gewichtszunahme, Haltungsverfall und Rückbildung der stützenden Wirbelsäulenmuskulatur bahnen dem Wirbelsäulenverschleiß den Weg.
Alles in allem gehen wir ausgesprochen lieblos mit einem Organ um, daß immerhin drei zentrale Aufgaben zu erfüllen hat: Die Wirbelsäule soll das Rückenmark schützen, die axiale Stabilität des Körpers gewährleisten und dabei gleichzeitig beweglich sein.
Diesen zum Teil widersprüchlichen Aufgaben wird sie nur durch einen komplexen Aufbau gerecht:
• **24 Wirbel** bilden den **beweglichen Teil der Wirbelsäule** im **Hals-, Brust- und Lendenbereich**. Das sich nach unten

Bei Knochenbrüchen
verschiedener Art
stellt Tai Chi Chuan
als Bewegungstherapie
eine optimale Möglichkeit
der Rehabilitation dar.
Die Regenerationszeit
wird erheblich verkürzt.

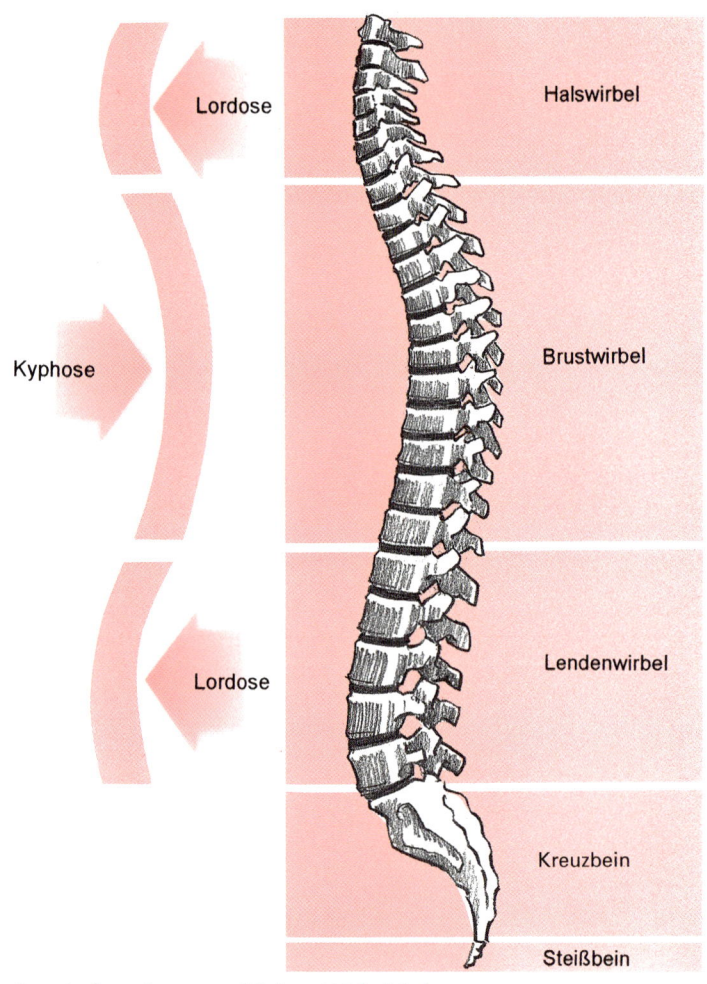

Der Aufbau der menschlichen Wirbelsäule

anschließende **Kreuzbein**, dessen Wirbelkörper zusammen-gewachsen sind, vermittelt den Kontakt zu den Becken-schaufeln und ist mit ihnen über starke Bänder verspannt.
Das **Steißbein**, das früher einmal aus einzelnen Elementen bestand, hat keine Funktion mehr.
• **Zahlreiche Bandsysteme** halten die einzelnen Wirbel un-

tereinander zusammen und verhindern größere Verschiebungen. Aktive Stabilität der Wirbelsäule wird durch die **Rückenmuskulatur** gewährleistet. Zusammen mit der Bauchmuskulatur, die z.T. auch an den Wirbeln fixiert ist, wirkt sie wie die Vertauung eines Segelmastes.

• Die charakteristische doppelt S-förmige Krümmung der Wirbelsäule ist Grundlage für ihre effektive Halte- und Tragefunktion: Aus seitlicher Sicht findet sich im Bereich der Hals- und Lendenwirbelsäule eine Hohlschwingung (Lordose), im Bereich der Brustwirbelsäule eine leichte Rundrückenschwingung *(Kyphose)*: Hierdurch wird die Körperlast auf mehrere Krümmungsscheitel verteilt. Die Wirbelsäule ist dadurch wesentlich widerstandsfähiger gegen Stauchung als ein gerader Stab.

Jeder **Wirbel** besteht aus drei Funktionselementen: Die *Wirbelkörper* bilden die Tragesäule des Körpers. Nach hinten schließt sich der *Wirbelbogen* an, der in den *Dornfortsatz* ausläuft. Die übereinanderliegenden Wirbelbögen bilden den *Wirbelkanal*, in dem das **Rückenmark** liegt. Die am Wirbelbogen entspringenden Querfortsätze, an denen Muskeln und Bänder festmachen, und die Wirbelgelenke, die die einzelnen Wirbel miteinander verzahnen, ermöglichen die Beweglichkeit.

• Die **Bandscheiben** liegen als **Stoßdämpfer** zwischen den Wirbelkörpern. Mit ihrer besonderen Bedeutung für Belastbarkeit und Beweglichkeit bilden sie das Herzstück der Wirbelsäule. Sie bestehen aus einem äußeren Faserring und einem zentralen, gallertigen Kern, der wie ein Wasserkissen wirkt und die Wirbelkörper gegeneinander beweglich hält.

> Die Bandscheiben müssen enorme Kräfte ertragen: Wenn wir 30 kg mit gebeugtem Oberkörper anheben, potenziert sich der Druck auf eine einzelne Scheibe durch ungünstige Hebelverhältnisse leicht auf 250 kg.

Haltungsfehler und sportliche Überbelastung hinterlassen ebenfalls Spuren und Risse. Verschiebungen und Ausdünnungen der Bandscheiben bringen das ganze Bewegungs-

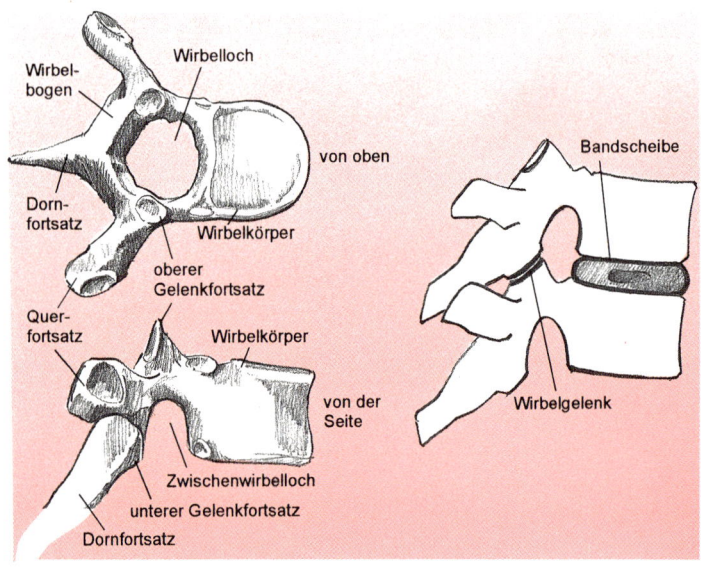

Die Funktionsweise der Wirbelsäule

schema der Wirbelsäule durcheinander. Wirbelkörper können sich jetzt gegeneinander verschieben, so daß Wirbelgelenke überlastet werden: Vorzeitiger Aufbrauch des Gelenkknorpels ist die Folge.

Außerdem kann es zu direktem Kontakt zwischen übereinanderliegenden Wirbelkörpern kommen. Dadurch reibt
Knochen auf Knochen.

Dieser schädliche Reiz führt zu einer Anpassungsreaktion
mit Ausbildung von **Knochenwülsten** am Rand der Wirbelkörper. Ergebnis: Schmerzen, weil Knochenzacken gegen
Nerven drücken, und eine Beschleunigung des Bandschei-
benverschleißes.

Wird ein Bandscheibenfragment oder gar die ganze Band-
scheibe in Richtung der Nerven gedrückt, die das Rückenmark verlassen, spricht man von einem **Bandscheibenvor-
fall**. Er kann zu starken Schmerzen führen.

Betrifft der Vorfall das Rückenmark selbst, drohen sogar
Lähmungen.

Angesichts dieser Auswirkungen sollten wir unserer Wirbelsäule eine liebevollere Behandlung zukommen lassen.

So kann ein **ausgewogenes körperliches Training** zahlreiche positive Prozesse in Gang bringen:
• Der Stoffwechsel der Bandscheiben wird verbessert
und damit ihre Pufferkapazität erhöht.
• Das Knochengewebe der Wirbel wird gefestigt.
• Rücken- und Bauchmuskulatur werden gekräftigt, so
daß ein leistungsfähiges »Muskelkorsett« die Wirbelsäule
entlastet.
• Die Knorpelflächen der Wirbelgelenke verdicken sich.

Natürlich darf unsere »Wirbelsäulenhygiene« nicht auf Trai-
ningsstunden beschränkt sein. Wichtigste Aufgabe bleibt
der freundlichere Umgang mit unserem geschundenen
Stützorgan im Alltag.

Das Herz-Kreislauf-System

Wir nehmen uns das moderne Leben ganz schön zu Herzen: Erkrankungen des Herz-Kreislauf-Systems sind in Indu-
strieländern die Haupttodesursache.
Mit fettreicher Kost, Alkoholkonsum und Zigarettenrauch
malträtieren wir ein Organ, das für uns innerhalb einer Minute ca. 70mal einen Kraftakt vollbringt: Durch Kontraktion
seiner Muskelfasern in der sogenannten **Systole** und die
nachfolgende Erschlaffung in der sogenannten **Diastole** hält
das Herz den Kreislauf in Gang.
Wie das genau aussieht, können wir uns anhand eines Ge-
dankenspieles verdeutlichen: Stellen wir uns vor, wir wären
ein rotes Blutkörperchen, das für den Sauerstofftransport zuständig ist.
Wir befinden uns gerade in einer Vene auf mittlerer Strecke
zwischen Leber und Herz, haben unsere **Sauerstoffladung**
pflichtbewußt abgeliefert und sind nun mit **Kohlendioxyd**

beladen, das wir in der Lunge entsorgen sollen. Wir nähern uns immer mehr dem Herzen und werden schließlich in den rechten Vorhof gespült. Doch kaum haben wir scheinbar festen Boden unter den Füßen, öffnet sich auch schon eine Falltüre (Herzklappe) unter uns, und wir stürzen in die rechte Herzkammer. Auch hier wird uns keine Ruhepause gegönnt, sondern wir werden durch das Zusammenziehen der Kammerwände (Systole) gleich weiter in die Lungenarterien gespült. Sie führen uns zur Lunge, wo wir unsere Kohlendioxyd-Last abladen dürfen und mit frischem Sauerstoff beladen werden.

Gut gelaunt geht es nun wieder zurück zum Herzen, wo wir nach kurzer Wegstrecke im linken Vorhof eintreffen. Obwohl wir diesmal darauf gefaßt sind, stürzen wir im Moment der Kammererschlaffung (Diastole) wieder durch eine Klappe im Boden und kommen unsanft in der rechten Kammer auf.

Was jetzt folgt, entschädigt für die lange Reise: Mit ungeheurer Kraft werden wir, sobald sich die Kammer zusammenzieht, in die Körperschlagader geschleudert. Berauscht von der Geschwindigkeit, werden wir irgendeinem neuen Organ zugetrieben, um es mit unserer wichtigen Fracht zu versorgen.

Dieser ständige **Kreislauf** erfordert eine enorme **Pumpleistung:** Bei 70 Schlägen in der Minute und ca. 70 ml Blut, die pro Herzschlag weitertransportiert werden, schafft das Herz so im Jahr mindestens 4 Millionen Liter.
Die wirkliche Herzleistung ist noch viel höher, da bei jeder Anstrengung die Herzfrequenz über 70 Schläge in der Minute ansteigt.

Diese Leistung kann auf Dauer natürlich nur erbracht werden, wenn unser Herz-Kreislauf-System wirklich intakt ist. Aber leider setzen wir ihm ganz schön zu: Bewegungsmangel, falsche Ernährung und Genußgifte wie Zigaretten und Alkohol sind ein fatales Gemisch.

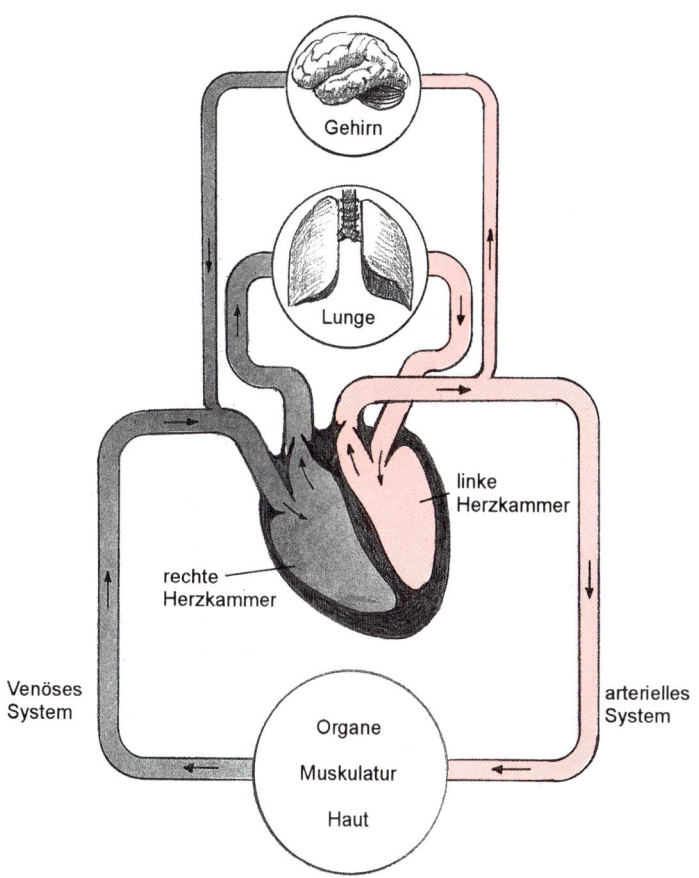

Gehirn

Lunge

linke
Herzkammer

rechte
Herzkammer

Venöses
System

arterielles
System

Organe

Muskulatur

Haut

**Das Herz-Kreislauf-System ist der »Motor« des Menschen. Es muß
enorme Leistungen vollbringen.**

Sie können vor allem zu Gefäßverengungen und Arterien-
verkalkung führen. Finden die **Verkalkungsprozesse** in den
Herzgefäßen statt, so droht ein Herzinfarkt. Sind Hirnarteri-
en betroffen, kann ein **Schlaganfall** die Folge sein.
Aber wir können uns auch Gutes tun. Wer ein gesundheits-
orientiertes Bewegungsprogramm über längere Zeit trainiert, kann Herz und Kreislauf gegen schädigende Einflüsse
schützen und ihre Leistungsfähigkeit deutlich steigern.

Moderater Sport hat u.a. folgende Wirkungen:
• Ein trainiertes Herz braucht weniger Sauerstoff. Dadurch wird das Herzinfarktrisiko gemindert.
• Die Herztätigkeit wird ökonomischer, da mehr Blut mit weniger Kraftaufwand transportiert wird. Die Ausdauer steigt.
• Die Fließeigenschaften des Blutes verbessern sich.
• Gefäße werden elastischer.
• Übergewicht wird vermindert.
• Das Blutvolumen und die Zahl der sauerstofftransportierenden Blutzellen erhöhen sich: Die Sauerstofftransportkapazität wird verbessert.
• Die Muskulatur wird durch Neubildung von kleinen Gefäßen besser durchblutet.

Ein **Zuviel** an körperlicher Belastung kann das Herz schädigen. Besonders untrainierte und ältere Menschen sind gut beraten, wenn sie nach der alten Regel trainieren:

»Mäßig, aber regelmäßig.«

Die Atmung

Der Mensch kann drei Wochen leben, ohne zu essen; drei Tage, ohne zu trinken; jedoch nur drei Minuten, ohne zu atmen. Die Atmung versorgt in Zusammenarbeit mit dem Herz-Kreislauf-System unsere Organe mit lebenswichtigem Sauerstoff und entsorgt das Stoffwechselendprodukt Kohlendioxyd.

Im **Tai Chi Chuan** bedeutet Atmen nicht nur Einziehen und Ausströmen von Luft, sondern eine rhythmische Grundbewegung, in der sich der Mensch erlebt und ausdrückt.

Selbst bei nüchterner Betrachtung fällt auf, wie häufig Atmung zum Spiegel unseres Innenlebens wird: Wir atmen vor Erleichterung auf, lassen uns von der Angst den Atem rauben, und gelegentlich bleibt uns vor Freude die Luft weg. Umgekehrt versuchen wir, durch betont ruhiges und rhythmisches Atmen Schmerz oder Aufregung zu beeinflussen.

Ein enges Wechselspiel also, das der Übung des Atmens eine über den rein körperlichen Aspekt hinausgehende Bedeutung verleiht.

»Viele in unserem Volk atmen mit dem Mund. Das ganze Volk sollte aber durch die Nase atmen und den Atem tief hinunter in den Tanden (Unterbauch) bringen.«

Angesichts der bei uns weitverbreiteten flachbrüstigen Atmung durch den Mund sollten wir uns diesen Ausspruch des japanischen **Gelehrten Okada** ruhig zu Herzen nehmen. Denn auch aus westlich-medizinischer Sicht ist die Atmung, die durch die Nase unter der Betonung der Bauchatmung erfolgt, mit zahlreichen Vorteilen verbunden.

Die **Nase** erfüllt bei der Einatmung wichtige Funktionen:

• Erwärmung der Atemluft. Die Vorsprünge der Nasenmuscheln mit ihrer stark durchbluteten Schleimhaut wärmen die Atemluft vor. Selbst bei niedriger Außentemperatur wird die Einatmungsluft so bereits im Rachen auf ca. 37°C gebracht.

• Anfeuchtung der Atemluft. Durch ein wasserhaltiges Sekret der Drüsen in der Nasenschleimhaut kann die Luft wirkungsvoll mit Wasserdampf gesättigt werden. So kommt es nicht zur Austrocknung der Schleimhäute in Kehlkopf und Lunge.

• Säuberung der Atemluft. Ein dünner Schleimfilm auf der Nasenschleimhaut bringt Staubpartikel und Bakterien zum Haften. Durch die Bewegung feiner sogenannter »Flimmerhärchen« werden die Fremdkörper nach außen befördert.

Diese Fähigkeiten der Nasenschleimhaut verdeutlichen, warum Nasenatmung die Lunge schützt.

Aus dem Nasen-Rachen-Raum gelangt die Luft über die Luftröhre in die beiden **Hauptbronchien**. Sie münden rechts und links in die beiden **Lungenflügel** und teilen sich dann wie die Äste eines Baumes in immer kleinere Bronchien auf. Endpunkt dieser Verästelung sind die **Lungenbläschen** *(Alveolen)*. Hier ist der Ort, wo Sauerstoff ins Blut gelangen kann und Kohlendioxyd aus dem Blut übernommen wird.

Motor für den **Transport der Luft** sind Brustmuskulatur und Zwerchfell. Sie ziehen den Brustkorb wie einen Blasebalg auseinander, so daß ein starker Sog entsteht. Erschlaffen die Muskeln, zieht sich die Lunge wieder elastisch zusammen und treibt die Luft heraus.

Die **Bauchatmung (Zwerchfellatmung)** ist dabei besonders effektiv:

• Durch das Absenken des Zwerchfells werden auch die unteren Lungenbereiche belüftet. Die Sauerstoffaufnahme ist gegenüber einer alleinigen Brustatmung gesteigert.

• Die Erweiterung des Brustraumes durch Absenkung des Zwerchfells schafft einen starken Unterdruck, der den Rück-

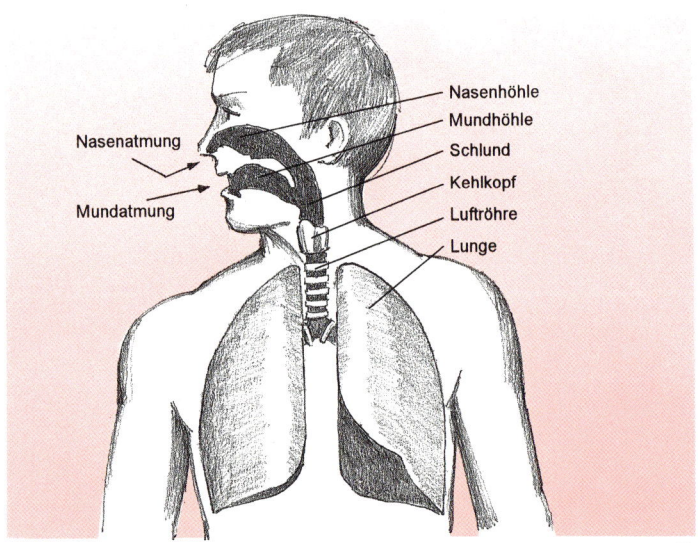

Die Atmung versorgt den Menschen mit lebenswichtigem Sauerstoff.

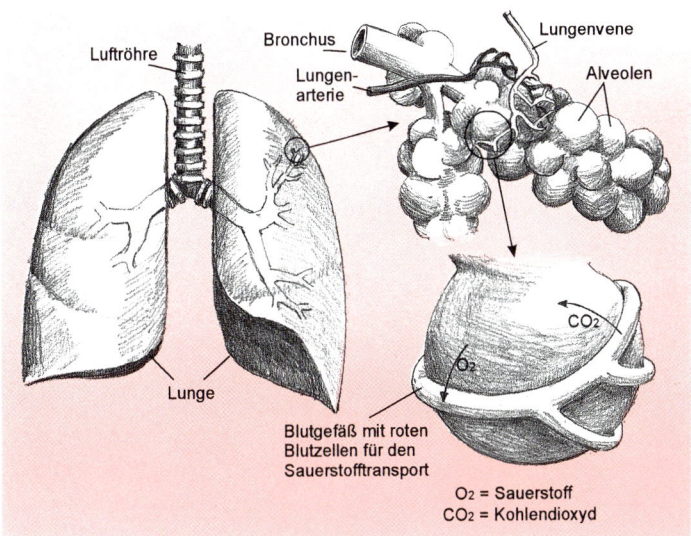

Die Funktion der Lunge

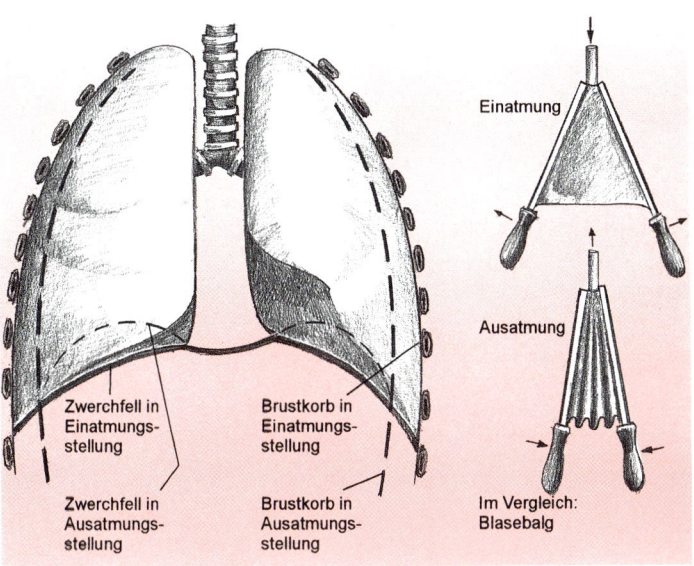

Die Funktionsweise der Atmung

fluß des Blutes zum Herzen beschleunigt. Die Herzarbeit wird dadurch unterstützt.

Die Beispiele zeigen, daß Atmen ein Vorgang ist, der sich durch bewußtes Üben effizienter gestalten läßt.

Die bereits erwähnte wechselseitige Beeinflussung von Atmung und Psyche eröffnet darüber hinaus weitreichende therapeutische Möglichkeiten. Die große Bedeutung, die der Atmung im östlichen Kulturkreis beigemessen wird, ist so auch für den westlichen Menschen einsichtig.

Vielleicht sind wir doch nicht so weit voneinander entfernt.

Tim Bongartz

Die Ernährung

Das Prinzip der vollwertigen Ernährung besteht in der Verwendung unzerstörter, naturbelassener Lebensmittel, die gleichzeitig die Ursache der Gesundheit sind.

Vollwertkost – eine gesunde Ernährung

Danach sollten folgende Lebensmittel **täglich** gegessen werden:

• Vollkornbrote, und zwar abwechselnd verschiedene Sorten. Das Brot, die Brötchen und alle anderen Backwaren müssen aus frischgemahlenem Vollkornmehl zubereitet sein.

• Das Frischkornmüsli soll aus frischgemahlenem oder gekeimtem Getreide unter Verwendung von frischem Obst zubereitet werden.

• Die Nahrung muß einen großen Anteil von rohem Gemüse, Salaten und Obst enthalten.

• Der Verzehr von naturbelassenen Fetten in Form von Butter, kaltgeschlagenem Öl, Nüssen oder Samen (z.B. Leinsamen) ist notwendig.

Folgende Nahrungsmittel sind zu meiden:

• Jeder in der Fabrik hergestellte Zucker: Weißer und brauner Zucker, Traubenzucker, Fruchtzucker, Malzzucker, Milchzucker.

> • Alle Auszugsmehlprodukte, wie Weißbrot; Schwarz-brot, Graubrot, weiße Brötchen, Kuchen und süßes Backwerk, Teigwaren, Pudding, geschälter Reis u.ä.
> • Alle Obst- und Gemüsesäfte, gleichgültig, ob selbst frisch gepreßt oder fertig gekauft, gilt besonders bei Magen/Darm-empfindlichen Personen.
> • Alle denaturierten Fette wie gewöhnliche Öle und Margarinen.
> • Ein Zuviel an denaturiertem, tierischem Eiweiß.

Neben den Lebensmitteln, die unbedingt gegessen werden sollten, und den Nahrungsmitteln, die zu meiden sind, verbleibt noch eine Gruppe erlaubter Speisen. Alles, was nicht als zu meiden genannt wurde, darf und soll verwendet werden, denn die Kost muß, da sie ein ganzes Leben lang gegessen werden soll, abwechslungsreich sein.

> • Der **unerhitzte Nahrungsanteil** (Frischkornmüsli, Gemüsesalate, Obst) soll mindestens **ein Drittel** der gesamten täglichen Nahrungsmenge ausmachen.
> • Der Anteil an **Frischkost** sollte zu **zwei Dritteln** aus **Gemüse** (zubereitet als Salate) und zu **einem Drittel** aus **Obst** bestehen. Die Frischkost soll bei jeder Mahlzeit zu **Beginn** gegessen werden.

Nur durch ein ausreichendes Verständnis für die richtige Zusammensetzung und Zubereitung einer Nahrung und das nötige Wissen über das Warum kann man sämtliche ernährungsbedingten Zivilisationskrankheiten verhüten, sofern das Wissen in die Tat umgesetzt wird.

Bei bereits bestehenden Krankheiten können diese je nach dem Stadium ihres Auftretens aufgehalten werden; zumindest wird ihr Fortschreiten verlangsamt.

Die Befolgung dieser bewährten Ratschläge bringt keinerlei Risiko, dafür aber die Sicherheit, optimale Gesundheit zu erhalten oder zurückzugewinnen. Wegen der langen An-

Für Menschen jeden Alters spielt Bewegung eine wichtige Rolle.

laufzeit der Zivilisationskrankheiten ist es wichtig, möglichst früh mit den Maßnahmen zu beginnen (siehe: Dr. Brucker – Ernährungslehre).

Hier noch ein **praktischer Tip**:
Frischkost immer vor der gekochten Mahlzeit essen.

Wird Gekochtes zuerst gegessen, kommt es zu einer sogenannten Verdauungsleukozytose, das heißt zu einem Anstieg der weißen Blutkörperchen im strömenden Blut.
Weiße Blutkörperchen treten immer dann verstärkt auf,
wenn einem Entzündungsprozeß oder dem Eindringen von
Fremdstoffen zu begegnen ist. Mit der Verdauungsleukozytose signalisiert der Körper also bei der Aufnahme gekoch-
ter Nahrung »Abwehrbereitschaft«.
Essen wir vor der gekochten Nahrung aber Unerhitztes, gibt
es keinen Anstieg der weißen Blutkörperchen. Die Frischkost empfindet der Organismus also nicht als Fremdstoff,
das heißt, wir können ihn damit überlisten.

Frischkost wird schneller verdaut als Gekochtes. Sie be-
lastet die Verdauungsorgane nicht. Durch die noch vorhandenen Eigenenzyme bringt sie – vereinfacht ausgedrückt – das nötige »Werkzeug« für die Verdauung selbst
mit. Die leichte Verdaulichkeit ist auch an der kurzen
Verweildauer im Magen erkennbar.

Wenn Frischkost vorweg gegessen wird, bietet man dem
Magen das Beste zuerst an.

Gisela Milde

Wasser – ein alternatives Lebensmittel

Wasser ist unser Lebensmittel Nr. 1 und zugleich der wichtigste Nährstoff, den unser Körper braucht. Das Wasser ist
Hauptbestandteil des menschlichen Organismus, ca. 60%
des Körpers besteht aus Wasser.
Wer Sport treibt, schwitzt viel. Trainierte schwitzen in der
Regel dreimal soviel wie Untrainierte. Das Schwitzen dient
der Regulation des Wärmehaushaltes. Nicht rechtzeitig auf-
gefüllte Flüssigkeitsverluste wirken relativ schnell leistungs-
mindernd.

Bei einem Wassermangel von 1–5% – je nach körperlicher Verfassung – treten Durst, Schwäche, Müdigkeit oder Übelkeit ein. Bei einem Wasserverlust von 6–10% können bereits Schwindel, Kopfschmerzen, Atemnot, Blutmangel oder sogar Gehunfähigkeit auftreten. 12% Wasserverlust ist lebensgefährlich.

Auf das Durstgefühl kann man sich gerade nach dem Training nicht verlassen. Nach schweißtreibender sportlicher Betätigung zwingt einen das Durstgefühl zum Trinken. Doch ist die Flüssigkeitsmenge, nach der das Durstgefühl nachläßt, meist nicht ausreichend, um das verlorene Wasser zu ersetzen.

Als Konsequenz hieraus sollten Sportler immer »einen über den Durst trinken«.

Um die Flüssigkeitsmenge, die der Körper braucht, genau zu ermitteln, kann man sich vor und nach dem Training auf die Waage stellen. Der Unterschied in Kilogramm entspricht ungefähr der Wassermenge in Litern, die nach dem Training getrunken werden sollte. Auch vor dem Training ist dafür zu sorgen, daß man einen hohen Wasservorrat im Körper hat.

Es ist nicht damit getan, reines Wasser zu trinken. Wasser sollte immer einen gewissen Gehalt an **Mineralien** haben, so daß es im Körper gebunden werden kann. Die im Handel erhältlichen Mineralwasser sind dabei meist völlig ausreichend. Es ist darauf zu achten, daß das Wasser möglichst viel **Magnesium** enthält (ca. 100 mg pro Liter), außerdem **Kalium** und **Natrium** (ca. 50 mg pro Liter). Mancher Muskelkrampf im Sport könnte durch eine ausreichende Versorgung mit Magnesium verhindert werden.

Man macht sich heute viele Gedanken über die ideale Zusammensetzung eines Sportlergetränkes. Die Bandbreite der Diskussion reicht heute von Wasser bis zur technischen Lösung der Iso-Drinks.

Nach Vollwert-Kriterien sind industriell hergestellte **Elektrolyt-Drinks** abzulehnen. Es handelt sich um künstlich isolier-

Tai-Chi-Chuan-Übungen von Meistern vorgeführt

te Substanzen, die mit synthetischem Geschmack und Aromastoffen gemixt werden. Zwar läßt sich auf diese Weise eine exakt bilanzierte Elektrolytzufuhr erreichen, doch gibt es keinen Zweifel, daß durch frische Obstsäfte, die mit einem guten Mineralwasser im Verhältnis 1:1 gemischt werden, der Bedarf an Flüssigkeit und Elektrolyten gedeckt wird.

Getränke mit zu hohem Zucker- oder Salzgehalt behindern die schnelle Wasseraufnahme im Körper, weil sie im Magen zunächst das Wasser binden.
Deshalb ein gutgemeinter Rat: Wenn man Sport betreibt, ist es wichtig, darauf zu achten, dem Körper genügend Wasser zuzuführen.

Volker Goldmann

Die Wissen-schaft Feng Shui

In manchen Trainingsgruppen, in denen die chinesische Gesundheitslehre vermittelt wird, vermißt man oft eine gewisse Atmosphäre.

Dies muß nicht unbedingt an der Qualität des Unterrichts oder einer möglicherweise mangelnden Befähigung des Leiters liegen, sondern durchaus an dem, das die Chinesen als **Feng Shui** bezeichnen.

»Die Wissenschaft des Feng Shui, ihre Beschaffenheit und ihr Zweck sind in den westlichen Ländern, die keine vergleichbare Tradition mehr besitzen, kaum erkannt worden. Das Thema schien auch jedes praktischen Werts zu entbehren, da es dem Fortschritt der materiellen Technologie nichts beisteuern konnte. Jedoch in Zeiten, in denen die

Qualität einer Zivilisation daran gemessen wurde, was sie an Stabilität und gesellschaftlicher Harmonie zustande gebracht hatte, war Feng Shui – die Wissenschaft von Wind und Wasser – ein unverzichtbarer Teil des täglichen Lebens. Denn Feng Shui galt als das einzige Mittel, eine niedergelassene Zivilisation zu etablieren, die ein harmonisches Verhältnis zwischen den Menschen und ihrer natürlichen Umgebung aufweist.«
(Aus: E. J. Eitel – Feng Shui)

Dabei gehen die Chinesen von folgenden Grundannahmen aus:
- Der Himmel regiert die Erde.
- Beide, Himmel und Erde, beeinflussen alle Lebewesen, und es ist in Deiner Macht, diesen Einfluß am günstigsten zu Deinem Vorteil zu wenden.
- Die Geschicke der Lebenden hängen auch von dem guten Willen und dem allgemeinen Einfluß der Toten ab.

Leider ist es unmöglich, an dieser Stelle noch tiefer in die chinesische Wissenschaft des Feng Shui einzutauchen, aber dem interessierten Leser wird immer wieder mitgeteilt, daß Begriffe wie **Harmonie** und **Rhythmus** in der chinesischen Tradition von fundamentaler Bedeutung sind und sich nicht zufällig einstellen, sondern durch konkretes Erkennen und Umsetzen von geomantischen Gesichtspunkten praktisch in die Tat umgesetzt werden können. So erhält z. B. ein Raum eine spürbare »Atmosphäre«, je nachdem ob ein Wissen über Feng Shui vorliegt oder nicht.
Die Atmosphäre bei einem Tai-Chi-Chuan-Training ist aber auch von vielen anderen Faktoren abhängig.

Voraussetzungen zum Tai-Chi-Chuan-Training

Bei der Beantwortung der Frage, welche Voraussetzungen zur Verwirklichung eines erfolgreichen Tai-Chi-Chuan-Trainings erfüllt sein sollten, seien an dieser Stelle einige wichtige Gesichtspunkte genannt:

Die Trainingsstätte

Die öffentliche Einrichtung (Sportschule, Akademie, etc.) mit dem Trainingsraum für das Tai-Chi-Chuan-Training sollte sich harmonisch in die nähere Umgebung einfügen (siehe Feng Shui).

Harmonie ist für jede Tai-Chi-Chuan-Gruppe wichtig.

Empfehlenswert für eine solche Sportstätte ist eine verkehrstechnisch ruhige Lage; im besonderen sollte den Teilnehmern dieser Einrichtung die Möglichkeit nahegelegt werden, öffentliche Nahverkehrsmittel zu nutzen.

Genügend Unterstellplätze für Fahrräder sollten auch vorhanden sein. Eine Begrünung der Außenanlage mit Pflanzen, Sträuchern oder einheimischen Bäumen sollte vorgesehen sein.

Im Umgang mit benachbarten Anwohnern ist darauf zu achten, daß diese die Trainingsstätte nicht als Belastung empfinden. Die große Bedeutung, die in einer solchen Einrichtung liegt, ist vortrefflich im Buch von Werner Lind: BUDO (Kapitel: Das Dojo) zusammengefaßt worden.

Der Trainingsraum

Der Raum, in dem ein harmonisches Tai-Chi-Chuan-Training stattfinden soll, ist das wahre Herzstück einer Trainingsstätte; ihm kommt eine zentrale Bedeutung zu.

Nur bei einer optimalen Lage und einer wohldurchdachten Gestaltung wird es möglich, daß von ihm eine besondere Atmosphäre ausgeht, eine Ausstrahlung, die für jeden Menschen spürbar ist.

Ein qualitativ hochwertiger Unterricht im Bereich der chinesischen Gesundheitslehre findet in einem Personenkreis von ca. zwölf Teilnehmern statt; dies wiederum setzt einen Leiter sowie einen Assistenten voraus. Daraus ergibt sich eine ideale Raumgröße von 48 bis 72 m^2 (keine Säulen, etc.) bei einer Deckenhöhe von 2,50 bis 3,50 m.

Für die Fähigkeit des Menschen, seine Sinne wahrzunehmen, sind einige Aspekte von Bedeutung:

Neben einer allgemein ruhigen Lage (kein Straßenlärm!), möglichst mit freiem Blick nach außen (Natur), spielt die Belüftung eine entscheidende Rolle.

Da im Tai Chi Chuan, ähnlich wie im Qigong oder den fernöstlichen Kampfkünsten, die Atmung von zentraler Bedeutung ist, wird im Verlauf eines Trainings entsprechend viel frische Luft (Sauerstoff) benötigt. Dabei steht die Belüftung immer in einer Kombination mit der Raumtemperatur, die bei ca. 21°C liegen sollte.

Auch der Geruch ist dabei von großer Wichtigkeit; mittels Räucherstäbchen, die entzündet werden, oder Ölextrakten, die mit Wasser vermischt in einem Öllämpchen verdunsten, läßt sich auch hier viel Angenehmes bewirken (Vorsicht bei Allergikern!).

Darüber hinaus drückt sich der Charakter eines Raumes in seiner farblichen Gestaltung (z. B. Pastelltöne) entscheidend aus. Die Farben stehen wiederum im Zusammenhang mit der Dekoration. Die Verarbeitung von Holz (nur heimische Holzarten verwenden!) und positiv ansprechende Fotos, Kalligraphien, etc. geben dem Trainingsraum etwas Besonderes.

Weiterführende Dekorationen mittels Pflanzen, Bonsai-Bäumchen oder dergleichen zeigen symbolisch auf, daß es eine Wesensverwandtschaft zwischen Tai Chi Chuan (= Lehre von Naturabläufen) und der Natur gibt.

Spiegel, als angebliche Möglichkeit der Selbstkontrolle, sind abzulehnen; die Entwicklung eines Tai-Chi-Chuan-Übenden manifestiert sich in seiner Fähigkeit, die Dinge und Abläufe von innen her zu fühlen, nicht vordergründig von außen zu sehen.

> Ganz allgemein gilt sowohl für die Gestaltung wie für die Ausstattung: Weniger ist mehr!

Zur Beleuchtung sei gesagt: Natürliche Lichtquellen sind die besten. Darüber hinaus läßt sich mit einer technisch klug durchdachten Lichtanlage Licht sehr differenziert (z. B. Dimmer) einsetzen (kein Neonlicht!).

Holzparkettboden oder die Ausstattung mit einer entsprechenden Mattenanlage ist aus hygienischen Gründen sehr sinnvoll (Teppichboden nur in reiner Schurwolle!).

In einem Tai-Chi-Chuan-Trainingsraum sollten sich die Teilnehmer ebenso wie der Leiter mit seinem Assistenten wohl fühlen können.

Aus diesem Grund spielt neben den genannten Voraussetzungen, die zu einem qualitativ substantiellen Unterricht führen, das Thema »Sauberkeit (Hygiene) und Ordnung (Achtung)« ebenfalls eine besondere Rolle.

Die Teilnehmer

Die Weichen für ein erfolgreiches Miteinander-Trainieren werden gestellt, wenn es den Teilnehmern gelingt, zu einer Gruppe zusammenzufinden; diese Gruppendynamik wird vom Leiter und seinem Assistenten angeregt, hervorgerufen.

Die Teilnehmer sollten rechtzeitig zum Training (ca. 30 Minuten vor Beginn) in sauberer fachsportspezifischer Bekleidung erscheinen und kommunikativ ihre Einstellung zum Thema zum Ausdruck bringen.

Überhaupt kann man dem Bereich der **Kommunikation** nur große Aufmerksamkeit schenken (Siehe Friedemann Schulz von Thun: Miteinander Reden Bd. 1 und 2).

Bei einer harmonisch gestalteten Gruppenatmosphäre kann man davon ausgehen, daß kleine, kommunikative Störungen aufgefangen werden können; so hat auch der einzelne immer wieder mal die Möglichkeit, Fragen zu stellen oder Wünsche zu äußern.

Im Zweifelsfall heißt es, auf den Trainer oder seinen Assistenten zuzugehen.

Aus Leitersicht ist eine solche kommunikative Vorgehensweise gewünscht.

Der Leiter

Dem Leiter bzw. seinem Assistenten kommt eine fundamentale Bedeutung zu, was Form und Inhalt in der Gestaltung betrifft.

Der Leiter muß der qualifizierte Fachmann des Tai Chi

Chuan sein. Qualifiziert sein bedeutet in diesem Falle, grundsätzlich selber regelmäßig und intensiv die chinesische Gesundheitslehre zu üben.

Er sollte mindestens fünf bis acht Jahre täglich mit oder ohne Anleitung trainiert haben, bevor er mit einer Zusatzausbildung »Trainer« beginnt.

Eine solche Ausbildung sollte dann über die sporttechnische Praxis hinaus mindestens folgendes beinhalten:

• Anatomie/Physiologie aus westlicher und östlicher Sicht
• Philosophie (Taoismus; Yin-Yang-Lehre, etc.)
• Methodisch-didaktischer Unterrichtsaufbau
• Präsentations- und Moderationstechniken
• Rhetorik
• Pädagogik/Agogik
• Organisationslehre
• Kommunikation
• Praxiserfahrung als Assistenztrainer

Auch hier ist besonderer Wert auf die Kommunikationsfähigkeit des Leiters zu legen.

Feng Shui – diese Kalligraphie bedeutet im Chinesischen Geomantie.

Der Leiter muß über ein ausgeprägtes Maß an Menschlichkeit und Toleranz verfügen; er muß Menschen mögen.

Er sollte umweltbewußt denken und handeln, sich ebenfalls als wichtigen Teil einer Gemeinschaft fühlen und verantwortungsbewußt mit seiner ihm anvertrauten Macht als Leiter umzugehen verstehen.

Der Leiter eines Tai-Chi-Chuan-Unterrichts sollte auf jeden Fall zielgruppenorientiert und themenzentriert arbeiten, d.h. auch Teilnehmer nach gezielten Kriterien in einer Gruppe zusammenfassen.

In der chinesischen Idealvorstellung sollte er älter als 35 Jahre und verheiratet sein und Kinder haben.

Der wahre Lehrer ist an seinen Taten und an seiner inneren Einstellung zu erkennen, er ist spirituell oder religiös im Leben ausgerichtet, so sagt ein legendärer Taoist.

Der Assistent ist ein sich auf halbem Wege befindender Trainer.

Einführung in die chinesische Gesundheitslehre

In den letzten Jahren hat die Popularität der fernöstlichen Bewegungskunst Tai Chi Chi Kung (Qigong), das ebenso wie Tai Chi Chuan (Taijiquan) zur chinesischen Gesundheitslehre zählt, erheblich zugenommen.

Was in China zum alltäglichen Straßenbild gehört – dort treffen sich in den Morgenstunden Menschen jeglichen Alters, um gemeinsam aktive Gesundheitspflege zu betreiben –, findet bei der Bevölkerung der westlichen Welt zunehmend Anerkennung und hält sogar Einzug in Krankenhäusern und in Kursprogrammen der Krankenkassen.

Chi Kung (Qigong) ist ein Bereich der »Traditionellen Chinesischen Medizin« (TCM) und wird sowohl in der Prophylaxe als auch in der Rekonvaleszenz (Heilung) erfolgreich eingesetzt.

Der Begriff Chi (Qi) wird allgemein als die **Lebensenergie** bzw. als **Vitalfunktionen des Organismus** übersetzt. Ohne Chi (Qi) gäbe es kein Leben auf der Erde.

Die zwei Hauptarten des Chi sind das **angeborene** und das **erworbene Chi**.

Die Lebensenergie, die wir von unseren Eltern erhielten, wird als Grundausstattung betrachtet. Das erworbene Chi, das uns die Natur bereitstellt, finden wir in der Nahrung und in der Atemluft.

Wenn sich das momentane Chi in **Harmonie** befindet, spricht man im allgemeinen von **Gesundheit**; wenn es in **Disharmonie** geraten ist, tritt der Tod ein – ebenso bei Verlust des ursprünglichen Chi.

Das Chi Kung trägt dazu bei, die funktionelle Vitalität des Organismus zu erhalten bzw. zu steigern, indem es harmonisierend wirkt.

Das Wort **Kung** *(Gong)* beschreibt eine Fähigkeit oder die Arbeit an etwas, d. h. Chi Kung läßt sich übersetzen: »Die Fähigkeit, mit der Lebensenergie zu arbeiten« oder »Arbeit an der Lebensenergie«. Dabei handelt es sich um die Fähigkeit, die man sich durch körperliche Übungen und nicht etwa durch Intelligenz aneignet. Aufgrund der intensiven Atemarbeit während des Chi-Kung-Trainings wird es in einfachen chinesischen Lexika auch als Atemübung bezeichnet.

Prophylaktisch zur Gesundheitspflege praktiziertes Chi Kung

• führt zu einem verstärkten geistig-seelischen Wohlbefinden,

• stärkt die Konzentrationsfähigkeit und die Willenskraft sowie das seelisch-körperliche Empfindungsvermögen,

• erhält die Beweglichkeit und Geschmeidigkeit des aktiven wie passiven Bewegungsapparates,

• fördert die Durchblutung,

• stärkt das Immunsystem,

• wirkt beruhigend,

• steigert das Atemvolumen,

• regt den Stoffwechsel an,

• stabilisiert bzw. balanciert das seelische Gleichgewicht und vieles mehr.

Zum Chi Kung gehören im wesentlichen drei Elemente, die alle gleichermaßen wichtig sind. Es handelt sich um die Haltung des Körpers und seine Bewegungen, die speziellen Atemtechniken und die Konzentration auf verschiedene Körperpartien.

Chi Kung kann im Liegen, Stehen oder Sitzen ausgeführt werden; in völliger Bewegungslosigkeit, wobei die Konzentration auf innere Vorgänge gerichtet ist, oder in Bewegung, oft unterstützt durch Imaginationsübungen.

Zudem wird noch zwischen hartem, d. h. sehr anstrengendem, und weichem Chi Kung unterschieden.

Unter fachkundiger Anleitung ist das chinesische Gesundheitstraining Chi Kung (Qigong) ohne Risiken und Neben-
wirkungen.

Das einzig wirklich Wichtige ist die Motivation, sich täglich
aktiv für die eigene Gesundheit etwas Zeit zu nehmen und
nach den erlernten Prinzipien das Training zu gestalten.

Die alternative Bewegungs-therapie

In einer Zeit, in der sogenannte **Zivilisationskrankheiten** mit ihren Folgen immer häufiger auftreten, in der durch mangelnde Bewegung Muskel- und Knochensubstanz abgebaut werden, Verschleißerscheinungen der Gelenke nicht nur zu fortschreitender **Bewegungseinschränkung**, sondern auch zu zunehmenden Schmerzsituationen mit zunehmender Medikamenteneinnahme führen, bietet sich das »Chinesische Gesundheitstraining« Tai Chi Chuan (Honan-Stil) als ein mögliches Allzweckmittel an.

Um 1900 betrug die durchschnittliche Lebenserwartung im damaligen Deutschen Reich 40 Jahre, in Zürich 38,5 Jahre. Der alte Mensch von 70 und 80 Jahren wurde bewundert, sein Geburtstag mit großer Freude begangen, besonders wenn er noch geistig und körperlich rege war. Durch die Entwicklungen in der modernen Medizin und der Pharmaindustrie haben wir heute eine Lebenserwartung von durchschnittlich 80 Jahren.

Die letzten Lebensjahre und -jahrzehnte sind bei den meisten Menschen jedoch durch große Einschränkungen der Bewegungsfähigkeit des Skelettes und des Stützapparates gezeichnet. Die Schmerzen werden meist mit unterschiedlich stark wirkenden Medikamenten behandelt.
Gegen die zunehmende Bewegungseinschränkung, gegen den Abbau der Muskulatur und des Knochens helfen jedoch auf Dauer nur systematisch durchgeführte und konsequent beibehaltene Bewegungsmethoden.

Die chinesische Gesundheitslehre bei Osteoporose

Durch die langsamen Bewegungen um den Körperschwerpunkt bzw. die Körpermitte, durch die Verlagerung des Schwerpunktes von der einen Körperhälfte zur anderen, von einem Fuß auf den anderen, wird der Raum neu erfahren, wird der Körper neu in den Raum geführt; es entsteht Sicherheit. Es ist auffallend, wie bei älteren Menschen mit zunehmender Übung die Sicherheit der Bewegung im Raum wiederkehrt. Die Angst vor dem Fallen schwindet, die Muskulatur und die Knochenstrukturen werden wieder verstärkt.

Untersuchungen in meiner Praxis haben gezeigt, daß Patienten mit fortgeschrittener Osteoporose durch Kombinationstherapie mit Östrogenen, Kalzium, Vitamin D, einem Fluorpräparat und einer allgemein verbesserten Ernährung bei regelmäßiger täglicher Übung im Laufe eines Jahres im Durchschnitt 10 mg/ccm an Knochendichte zunahmen, den Knochen wieder aufbauten, im Gegensatz zu den Patientin-

Tai Chi Chuan ist eine wichtige alternative Bewegungstherapie für Patienten mit fortgeschrittener Osteoporose.

Alle, ob jung oder alt,
ob Frau oder Mann,
können beim
Tai-Chi-Chuan-Training
mitmachen.

nen und Patienten ohne regelmäßige Gymnastik, bei denen ein durchschnittlicher Knochenaufbau von 4 mg/ccm nachzuweisen ist. Bei vollständigem Fehlen jeglicher körperlicher Betätigung ist zunächst ein Stillstand des Knochenabbaus festzustellen, danach ein weiterer Abfall der Knochendichte.

Tai Chi Chuan ist zum ersten für junge Menschen ein Mittel, der Entkalkung des Knochens vorzubeugen, und bietet älteren Menschen die Möglichkeit, Knochensubstanz anzubauen.

Für den Rheumatiker stellt Tai Chi Chuan eine ideale Möglichkeit dar, die Beweglichkeit der Gelenke wiederherzustellen und zu erhalten, da durch das entzündliche Geschehen in den meisten Fällen aufgrund der Schmerzsymptomatik die Bewegungen massiv eingeschränkt werden, was zur Versteifung der Gelenke führt und zu den bekannten Verdickungen der Gelenke.

Tai Chi Chuan bei behinderten (geistig und körperlich) Kindern und Jugendlichen zeigt, daß diese Freude an der Bewegung finden, aus der Lethargie, aus der Depression wieder herausfinden und durch Erfolgserlebnisse neue Möglichkeiten aufdecken, zu einer neuen Sicherheit in ihrem früher oft trostlos erscheinenden Dasein zu finden. Die eingetretene Bewegungseinschränkung kann durch Tai Chi Chuan gestoppt und in ihr Gegenteil gewendet werden.

Ebenso wichtig ist beim Tai Chi Chuan das regelmäßige wöchentliche Training in der Gruppe und die Pflege der Freundschaft in der Gruppe. Gelassenheit, »lassen« und »lassen können« stehen hier im Vordergrund, sich selbst gehen lassen, sich selbst ertragen und den anderen ertragen können. Fanatismen und der verbissene Wettkampf haben hier nichts zu suchen, sondern nur langsam ausgeführte Tai Chi Chuan (Die urtaoistische Methode, das Tai Chi Chuan so langsam wie möglich auszuführen, ist hiermit gemeint. – Der Autor) kann ein Weg zum eigenen ICH und zum eigenen Körper sein.

Die **Yin-orientierte »Chinesische Gesundheitslehre«** (Tai Chi Chuan, Tai Chi Chi Kung, Tai Chi Senkong) findet ihre

Ergänzung in den **Yang-orientierten Kampfkünsten** (Tai-wan-Do, Kung-Fu Wu-Chu, Chan Shaolim Kung-Fu). Auch bei den Kampfkünsten muß der Schwerpunkt auf den Weg gelegt werden. Das Ziel, z. B. eine Prüfung zu bestehen, gehört mit zum Weg, denn nach einer bestandenen Prüfung folgt die nächste, und das ein Leben lang. Konditions- und Krafttraining sowie die Steigerung der Beweglichkeit werden in den Kampfkünsten bis zur individuellen Leistungsgrenze durchgeführt, so daß in der Taiwan-Do-Akademie Krefeld sowohl die ganz Kleinen ab dem fünften Lebensjahr als auch Ältere bis zum 70. Lebensjahr trainieren können.

Die Kampfkünste erscheinen dem Außenstehenden oder dem Neuling oft sehr gewalttätig, denn diese sehen nur die Kraft und die Emotionalität, nicht aber das, was dahintersteckt. Das Training zielt dahin, jeder überflüssigen Auseinandersetzung aus dem Wege zu gehen bzw. gar nicht in eine solche Situation zu geraten.

Der »innere« Kampf gilt dem eigenen »Schatten«, denn das Streben nach Körperertüchtigung ohne den notwendigen geistigen Hintergrund wäre sinnlos.

Daher gehört zu den Kampfkünsten und zum Chinesischen Gesundheitstraining der geistige Hintergrund (Ur-Taoistische Philosophie bzw. Spiritualität) einer jahrtausendealten Kultur genauso wie die gleich alten Übungen und Bewegungsabläufe.

Dr. med. Hans Kistenich

Innovationen im Seniorensport

> *Es ist besser, eine Kerze anzuzünden,*
> *als über die Dunkelheit zu klagen.*
>
> Unbekannter Taoist

Die Konzeption

Ein alter, einsamer und kranker Mensch ist aus dem körperlichen, seelischen wie auch aus dem sozialen Gleichgewicht geraten. Demnach muß unser Hauptanliegen als Tai-

Chi-Chuan-Trainer die Wiederherstellung der Harmonie im Menschen sein. Nicht der pädagogische bzw. agogische Zeigefinger, sondern Initiative ist gefragt. Wir sollten die Menschen nicht zu uns bitten (nach dem Motto: zur nächsten Turnhalle schafft es jeder!), sondern wir selbst müssen auf die Menschen zugehen.

Der **Grundgedanke Nr. 1** ist also:
Um etwas in Gang zu bringen, muß man sich zunächst selbst in Bewegung setzen!

Erfahrungsgemäß nutzen die besten Angebote für Senioren nichts, wenn lange Fahrzeiten, die falsche Tageszeit oder hohe Kosten im Wege stehen. Ein großer Teil der Senioren möchte oder kann eben nicht mehr in eine weit entfernte Turnhalle oder Schwimmhalle gehen. Eine abendliche Turn- bzw. Schwimmstunde (im Winter ist es dann schon dunkel) ist ebenso fehl am Platz wie eine zu frühe (ab 9.00 Uhr verbilligte Nutzung der öffentlichen Verkehrsmittel).
Das heißt für ein pädagogisches/agogisches Konzept:
Die äußeren Rahmenbedingungen fallen genauso stark ins Gewicht wie konkrete Lehrinhalte.
• Der Trainer geht in die Seniorentagesstätten oder Heime hinein und wartet nicht, bis jemand zu ihm kommt!
• Die Tagesstätten und Heime bieten sich zur Durchführung des Tai Chi Chuan besonders gut an, weil sie den Senioren eine vertraute Umgebung bieten, über einen größeren Raum verfügen, meist gut bestuhlt sind und oft auch über einen Garten oder über eine Grünfläche verfügen. Kostenersparend kommt hinzu, daß teure, seniorengerechte Hallen nicht gebaut werden müssen, sondern die bereits ausreichend vorhandenen Einrichtungen genutzt werden können.
• Die beste Zeit zur Durchführung einer Seniorensportstunde ist der Vormittag, da die Senioren anschließend gesellig beisammenbleiben können. In vielen Einrichtungen bietet sich ein anschließender Mittagstisch an.

• Der Kostenbeitrag wird so gering wie möglich gehalten. Es werden keine langfristigen Verträge gemacht, ein »Aussteigen« von seiten der Senioren ist nahezu jederzeit möglich.

> Hieraus ergibt sich der **Grundsatz Nr. 2**:
> Der Seniorensport soll sich grundsätzlich nach den Bedürfnissen der Menschen richten und nicht umgekehrt.

Die Aktivität (sprich: ganzheitliche Bewegung) des Trainers überträgt sich auf die Gruppe. Zu unseren Trainingsinhalten gehören deshalb nicht nur die **körperliche Ertüchtigung**, sondern auch die **geistige Übung** durch Diskussion und Anregungen zu Themen wie: Gesundheit, Umwelt, Politik, Kultur, das soziale Miteinander.
An jede Trainingsstunde schließt sich eine **Gesprächsrunde** an. Dadurch kann so mancher alte Mensch aus seiner Isolation gelöst werden. Neue Freundschaften und Kontakte entstehen. Doch um einen alten Menschen aus seiner Isolation zu holen, also um das soziale Gleichgewicht neu zu finden, bedarf es auch der Wiederherstellung des körperlichen Gleichgewichtes. Das heißt, ganz einfache Funktionen, extra das sichere Gehen, müssen geübt werden. Durch die leichten, aber wirkungsvollen Übungen des Tai Chi Chuan kann verunsicherten Senioren das verlorengegangene Selbstvertrauen zurückgegeben werden. Denn selbst der Gleichgewichtssinn läßt sich im hohen Alter noch trainieren!

> Der **Grundsatz Nr. 3** lautet:
> Der Seniorensport muß zunächst das Selbstvertrauen und das Selbstwertgefühl des Menschen wiederherstellen.

Neben den körperlichen Veränderungen, die das Altern zwangsläufig mit sich bringt, wiegen die **sozialen Benach-**

teiligungen ebenso schwer. Denken wir nur an den Verlust des Arbeitsplatzes (Pensionierungsschock) und der wenigen alternativen Aufgaben (Großfamilien existieren nicht mehr), an die oft schlechte finanzielle Situation und an die Vereinsamung durch Verlust des Ehepartners. Alle diese Aspekte ziehen körperliche Beschwerden nach sich. Durch »Verkriechen« und Herumsitzen werden die Menschen unbeweglich, verlernen regelrecht das Laufen und verlieren so den Kontakt zur Umwelt.

Der **Grundsatz Nr. 4** lautet folglich:
Der Seniorensport hat die Aufgabe, den Teufelskreis »Unbeweglichkeit jeder Art« (seelischer, körperlicher, sozialer Art) zu durchbrechen. Die chinesische Gesundheitslehre Tai Chi Chuan (Honan-Stil) bietet unter fachgerechter Leitung eine hervorragende Grundlage (kein Allheilmittel) zur Problemlösung altersbedingter Sorgen und Leiden.

Die sorgfältige Ausbildung des Trainers muß aber gewährleistet sein. Als sehr sinnvoll erweisen sich die Berufskombinationen aus Sport und Pädagogik/Psychologie/Medizin.
Die Lehrinhalte des »Tai Chi Chuan mit Senioren« haben sich, wie das gesamte Konzept, über mehrere Jahre hinweg langsam entwickelt. Sie sind auf die Senioren »maßgeschneidert« worden.
Dieses Programm ist bisher einzigartig unter der großen Anzahl von Sportangeboten.
Grundsätzlich leidet der Tai-Chi-Chuan-Unterricht in vielen Einrichtungen in Deutschland daran, daß den Menschen eine ihnen gänzlich fremde Kultur übergestülpt wird. Da wir aber alle auf dem westlichen Erdteil groß geworden sind, westlich denken und handeln, wird ein oberflächlich übergestreifter Unterricht nicht nur ohne große Wirkung bleiben, sondern auch eine exotische Modeerscheinung sein. Wir sind aber davon überzeugt, daß das brillante Wissen der traditionell ausgebildeten Chinesen auf dem Gesund-

**Die chinesische Gesundheitslehre Tai Chi Chuan wirkt sich beson-
ders positiv auf das Wohlbefinden älterer Menschen aus, die in Gemeinschaft mit jüngeren trainieren können.**

heitssektor zu wertvoll ist, um nur irgendeine Zeiterschei-
nung zu bleiben. Deshalb haben wir es gewagt, asiatisches
Wissen mit dem westlichen zu verbinden, ohne die eigentli-
che Identität eines jeden zu verleugnen. Entgegen zahlrei-
cher »Unkenrufe« und der Meinung vieler »Experten«, Öst-
liches und Westliches lasse sich nicht miteinander verbinden, zeigt uns der Erfolg unserer Arbeit den richtigen Weg;
etwas völlig Neues und Selbständiges ist entstanden.

Wir glauben, daß es mit dem bloßen Erlernen einer sogenannten Bewegungsform allein nicht getan ist. Jemand, der
mit Rückenschmerzen eine Stunde Bewegungsform übt,
geht mit den gleichen Rückenschmerzen nach Hause. Even-
tuell haben sie sich durch das lange Stehen noch verschlim-
mert. Darum widmen wir den vorbereitenden Übungen viel
Zeit.

Konzentrations-, Haltungs-, Atemübungen und allgemeine
Dehngymnastik sind unerläßliche Trainingsmomente. Erst
gegen Ende der Stunde kann an einer längeren Bewegungs-

form gearbeitet werden. Im Mittelpunkt steht jedoch immer die Gesundheit des Menschen (und sein Handicap) und nicht irgendeine Ideologie.

> Im Tai Chi Chuan mit Senioren werden fast alle Übungen im Sitzen vorgenommen, so daß auch Rollstuhlfahrer dem Unterricht folgen können. Im Sommer werden die Stühle auf die Wiese getragen, und der Unterrrricht findet an der frischen Luft statt. Da viele Übungen ebenso im Liegen ausgeübt werden können, sind selbst bettlägerige Menschen vom Training nicht ausgeschlossen.

Das Training kann in bequemer Alltagskleidung erfolgen. So fällt ein mühsames Umkleiden fort. Eine Übungsstunde sollte die Zeit von 60 Minuten nicht überschreiten. Dann beginnt der gesellige Teil mit Gesprächsrunden.

Die Bewegungsform »Honan I« ist für Senioren besonders geeignet, da sie nicht zu kompliziert und zu lang ist.

Alle Übungen werden sehr langsam und ruhig ausgeführt. Schnelle, ruckartige Bewegungen sind im Tai Chi Chuan nicht angebracht. Weiche Bewegungen sind das eigentlich Wichtige in dieser Sportart.

Nicht zuletzt muß der Trainer selbst Spaß am Umgang mit älteren Menschen haben und nicht irgendeinen Unterricht »abspulen«. Voraussetzungen hierzu sind fachsportspezifisches Wissen, Einfühlungsvermögen und gerontologisches Grundwissen.

Aus diesem Grunde ist es für Trainer im Bereich der chinesischen Gesundheitslehre Tai Chi Chuan von besonderer Wichtigkeit, regelmäßig an qualifizierten Fortbildungen teilzunehmen.

Denn, so sagt schon ein taoistisches Sprichwort:

> Leben heißt lernen.

Irmela Engler

Die neuen Wege im Behindertensport

Vor zwei Jahren erlebte ich mit meiner Familie unverhofft einen öffentlichen Auftritt der Tai-Chi-Chuan-Gruppe der Sportabteilung der Lebenshilfe Oberhausen unter der Leitung von Herrn Georg Groß. Diese Gruppe, in der geistig behinderte Menschen und nichtbehinderte Teilnehmer zusammen trainieren, wirkte mit ihren einfachen natürlichen Übungen so harmonisch und übte auf uns Betrachter einen so beruhigenden Einfluß aus, daß mein Sohn, ein damals 36jähriger Mann mit Down-Syndrom (besser bekannt als Mongolismus) spontan den Wunsch äußerte, mitmachen zu dürfen.

Sicher war es zunächst die weiße Kleidung, die alle trugen und die mit ihren chinesischen Schriftzeichen und dem Yin- und-Yang-Symbol einen geheimnisvollen Reiz auf uns ausübte.

Insbesondere aber war es die spürbare körperlich-seelische Harmonie, die uns beeindruckte.

Heute wissen wir, daß die Atem- und Bewegungsübungen u. a. dem Zweck dienen, die Entspannung zu fördern und den Kreislauf anzuregen. Bemerkenswert war, daß die Ruhe, welche die Gruppe ausstrahlte, alle Zuschauer dieser Demonstration ergriff; denn all die Menschen, die sich gerade noch angeregt unterhielten, sahen gebannt und betroffen der Vorführung zu.

Mir selbst erging es wie meinem Sohn. Ich hatte das Bedürfnis, da mitzumachen. Natürlich hatte ich – ein völlig unsportlicher Mensch – Bedenken, ob ich im Alter von 63 Jahren mich auf das Wagnis einer sportlichen Aktivität einlassen sollte. Letztlich aber setzten Sohn und Vater das doch in die Tat um und waren von der nächsten Übungsstunde an dabei.

Sehr schnell begriffen wir beide, daß Tai Chi Chuan mehr ist als nur eine Gymnastik, die Spaß macht und dem Körper guttut.

Ulrich Berchter wird
aufgrund seiner Verdienste
zum Tai-Chi-Chuan-Schüler
des Jahres 1994 ernannt.

Ich war anderen Menschen gegenüber stets reserviert. Sich dem anderen öffnen, ihm das »Du« anzubieten, war für mich unvorstellbar. Jetzt gehörte ich plötzlich einer Gemeinschaft an, für welche das normal war. Mein Sohn hatte da keine Schwierigkeiten. Einmal, weil er ohnehin – wie viele geistig behinderte Menschen – nicht kontaktscheu ist, sondern eine **natürliche Freundlichkeit** an den Tag legt. Außerdem kannte er bereits die behinderten Teilnehmer aus der Gruppe vom Arbeitsplatz in der Werkstatt für Behinderte. Wir wurden also mit Herzlichkeit und Wärme in die Tai-Chi-Chuan-Gruppe aufgenommen. Ich spürte sofort das erfreuliche Miteinander zwischen den behinderten und nichtbehinderten Teilnehmern. Das war bemerkenswert; denn wenn letztere nicht gerade Vater oder Mutter eines behinderten Kindes sind, hatten sie vorher ja keinen Kontakt zu behinderten Menschen. Natürlich gab es anfangs auch Mißverständnisse, weil man mit den Eigenarten des anderen nicht vertraut war. Woher soll denn auch ein Nichtbetroffener wissen, daß nicht jeder behinderte Mensch das gesprochene Wort richtig umsetzen kann oder daß er z. B. Schwierigkeiten hat, die Seiten links und rechts korrekt zuzuordnen. Doch mit der Hilfestellung der »gesunden« Teilnehmer, die wie selbstverständlich gegeben wurde, und nach einem Gesprächsabend, an dem gegenseitig Informationen ausgetauscht wurden, ist eine Gemeinschaft entstanden, wie sie besser nicht sein könnte. In ihr ist **Integration** nicht nur ein Begriff. Das zeigt sich auch in der Eintracht bei öffentlichen Auftritten. Viele Zuschauer äußerten, daß sie tief beeindruckt waren. Ich führe dies darauf zurück, daß die Teilnehmer der Gruppe im weitesten Sinne des Wortes den Mut gefunden haben, für ihre Mitmenschen segensreich zu wirken, und daß dies in der spürbaren Harmonie »rüberkommt«.

Nachdem ich das Tai Chi Chuan nun in vielen Monaten eingehend kennengelernt habe, wundert es mich nicht, daß auch behinderte Teilnehmer, bei denen ich zunächst skeptisch war, ob sie die Übungen erlernen können, diese mit Begeisterung durchführen und demonstrieren. Die Freude auf die nächste Trainingsstunde grenzt schon fast an eine – allerdings gesunde – Sucht. Das ist ja auch verständlich. Behinderte Menschen fühlen sich in dieser Gemeinschaft einmal mehr angenommen und dürfen ihr Können unter Beweis stellen. Sie, die zum Teil körperlich unbeweglicher sind als andere Menschen, werden lockerer in ihren Bewegungen. Die Befreiung von Verspannungen macht sie, wie ich meine, auch geistig reger, und wie ich feststelle, auch selbstbewußter.

Für mich sind die Übungsstunden Oasen der Ruhe an sonst häufig hektischen Tagen. Lassen Sie mich schließen mit den Worten meiner Frau, welche mir sagte: »Was mich am meisten freut, wenn du und Ulrich (unser Sohn) zu Hause üben, ist, daß du dabei ruhig bleibst.« Und das ist bei mir nicht selbstverständlich.

> Mich würde am meisten freuen, wenn es gelingt, dieses befriedigende Gefühl des Miteinander, das geistig behinderten Menschen genauso wie den Nichtbehinderten guttut, in viele integrative Gruppen zu vermitteln, um auch auf diesem Wege einen weiteren Schritt hin zur Normalität für geistig behinderte Menschen zu tun.

Egon Berchter

Die prophylaktischen Möglichkeiten in der Schule

Auf die chinesische Gesundheitslehre wurde ich erstmals aufmerksam, als ich mit einer Eisenbahn nach Köln einfuhr und zufällig vom Abteil aus beobachten konnte, wie auf einem Balkon oberhalb eines China-Restaurants eine alte Chinesin Tai-Chi-Chuan-Übungen ausführte. Selbst noch dieser flüchtige Anblick vermittelte etwas von Kraft und Beweglichkeit, die sich Menschen durch die Gesundheitsgymnastik Tai-Chi-Chuan bis in das hohe Alter erhalten können. Die zweite Begegnung war die bei einem Symposium zum

Thema Sport in der Krebsnachsorge in Bonn, an dem in der Beethovenhalle mehrere hundert selbst betroffene Frauen und Männer teilnahmen. Gemeinsam mit Irmela Engler von der Taiwan-Do-Akademie aus Krefeld beteiligten sich alle anwesenden Damen und Herren an den Übungen, so wie auch ich es tat. Ich glaube, alle TeilnehmerInnen, und davon nehme ich mich nicht aus, spürten bereits nach wenigen Übungen, die hier möglich waren, wie positiv diese sich auf Körper und Geist auswirkten.

Im Rahmen eines Projektes an den 3. Klassen von Grundschulen, das von der **Deutschen Krebshilfe** mit dem Ziel initiiert wurde, bereits kleine Kinder gegen die Versuchungen durch das Zigarettenrauchen zu »immunisieren«, kam es zum dritten Kontakt mit dem Thema Tai Chi Chuan.

Mario Frerker, der Begründer der Taiwan-Do-Bewegung, nahm an einem Seminar der in das Projekt involvierten Lehrerinnen teil und machte mit ihnen Tai-Chi-Chuan-Übungen, um zu zeigen, wie diese in den Unterricht an den 3. Klassen von Grundschulen einzubauen seien. Wiederum zeigte sich bereits im ersten Kontakt mit dieser alten chinesischen Gymnastik – in diesem Fall bei den Lehrerinnen der Grundschulen –, wie wohltuend diese Übungen sein können. Ein weiterer sehr praktischer Aspekt war der, einzelne Elemente gegebenfalls kurzfristig als kleine Unterbrechung in einen Grundschulunterricht einbauen zu können. Zum Ziel, Körperbewußtsein und damit Verantwortung für die eigene Gesundheit zu entwickeln, können Tai-Chi-Chuan-Übungen also auch im **schulischen Bereich** entscheidend beitragen. Aus den ersten Kontakten zwischen der Deutschen Krebshilfe und der Taiwan-Do-Akademie Krefeld, insbesondere mit Mario Frerker, entwickelte sich eine Bereitschaft, dieses Projekt der Deutschen Krebshilfe auch weiterhin zu unterstützen. Anläßlich seines 35. Geburtstages veranstaltete Mario Frerker 1994 in Krefeld eine Taiwan-Do-Gala, in der Tai Chi Chuan ebenso wie verschiedene Varianten chinesischer Kampfkunst demonstriert wurden. Der Erlös der Veranstaltung wurde der Deutschen Krebshilfe zur Verfügung gestellt.

Spaß und Spiel dürfen für die jüngsten Tai-Chi-Chuan-Schüler nicht
zu kurz kommen. Zunächst stehen Atemübungen für die 4–6jährigen
Kinder auf dem Programm (oben), ehe der Trainer als »Spielball«
(unten) herhalten muß.

Unentgeltlich traten Teilnehmerinnen der Taiwan-Do-Akademie Krefeld aus den Bereichen Tai Chi Chuan und Taiwan-Do auf der Bühne der Deutschen Krebshilfe auf, als diese im Rahmen eines Sommerfestes der »Westfälischen Rundschau« im Dortmunder Westfalen-Park ihre Arbeit vorstellte. Als »Eisbrecher«, also erster Programmpunkt auf der Bühne der Deutschen Krebshilfe, gelang es, mit Tai Chi Chuan und Kampfkunstvorführungen das rege Interesse des Publikums zu wecken und so einen ersten Anknüpfungspunkt zur Arbeit der Deutschen Krebshilfe zu schaffen.

In dem breiten Spektrum der Aufgaben der Deutschen Krebshilfe, zu dem Forschungsförderung, die Verbesserung der Behandlungsformen bei Krebs, Projekte der Kinderkrebshilfe bis hin zu solchen der Krebsnachsorge gehören, nimmt die Prävention, also die Vorbeugung von Krebserkrankungen, einen wichtigen Platz ein.

Wer bewußt mit seinem Körper umgeht, ihn trainiert, ihn mit gesunder Ernährung, durch die Vermeidung von Alkohol im Übermaß und durch den Verzicht auf Zigaretten sowie übermäßige Sonnenbestrahlung fit hält, der leistet den ihm möglichen Beitrag zur Vorbeugung einer Krebserkrankung. Tai Chi Chuan kann dieses Bewußtsein für den eigenen Körper bereits in sehr jungen Jahren wecken, den Heranwachsenden begleiten, den Menschen in der Blüte seiner Jahre bei der Bewältigung von Streß und Alltagsproblemen unterstützen und kann schließlich bis ins hohe Alter hinein helfen, alltagsbedingte Probleme, wie beispielsweise die Osteoporose bei älteren Frauen, in Grenzen zu halten.

Insofern dienen die Präventionsbemühungen der Deutschen Krebshilfe und das Tai Chi Chuan der Taiwan-Do-Akademie, begonnen bereits im Kindesalter, denselben Zielen. Ich freue mich ganz besonders, daß auch dieses Buch im doppelten Sinne diesen beiden Zielen dienen kann: zum einen kann es unmittelbar den Zugang zum Tai Chi Chuan bilden, zum anderen wird durch den Verkauf des Buches auch die Arbeit der Deutschen Krebshilfe unterstützt werden.

Hierfür ein herzliches Dankeschön an Mario Frerker und die Taiwan-Do-Akademie Krefeld und einen guten Erfolg allen, die versuchen, anhand dieses Buches den Weg zum Tai Chi Chuan und damit zu gesundheitsbewußterem Leben zu finden.

Malte Wittwer

Die Ausführung in der Praxis

Im nun folgenden Praxisteil ist ein in sich geschlossenes Trainingssystem geschaffen worden, das Sie in der Reihenfolge der Übungen ausführen können.

Im Laufe der Zeit können Sie dann die unterschiedlichen Punkte miteinander kombinieren.

Zwei Übungen werden für Ihre persönliche Entwicklung besonders wichtig sein (Taoistische Weisheit):

• diejenige, die Ihnen von Anfang an gefällt und die Ihnen auch auf Anhieb gut gelingen wird

• zum anderen die, die Ihnen spontan sehr schwerfällt.

Üben Sie regelmäßig, ideal wäre einmal täglich zwischen 15 und 25 Minuten.

(Sollten Sie Fragen oder Anregungen haben, so schreiben Sie mir.)

Die vorbereitenden Massageübungen

Setzen Sie sich, wie auf den folgenden Fotos dargestellt, in den sogenannten **Burmasitz.** (Sollten Sie den Burmasitz nicht ausführen können, setzen Sie sich grundsätzlich auf einen Hocker oder Stuhl!)

Beginnen Sie mit der rechten Hand an der Innenseite Ihres linken Armes locker abwärts zu klopfen.

Sind Sie an Ihrem linken Handgelenk angelangt, drehen Sie den linken Arm und klopfen nun den Arm aufwärts.

Wiederholen Sie diese Klopfübung 5mal und wechseln Sie dann den Arm.

Mit dieser Übung stimulieren Sie das **Meridianesystem**, d. h. den Fluß Ihrer inneren Energie *Chi*.

Die Atemmethoden und -übungen

Legen Sie sich auf den Boden (bitte bequeme Unterlage beachten!) und lassen Sie die Luft durch den Mund entströmen.

Atmen Sie nun durch die Nase hörbar ein und füllen Sie im besonderen den oberen Teil Ihrer Lungen mit Luft; beim Ausatmen durch den Mund zieht sich der Brustkorb wieder zusammen *(Brustatmung)*.

Atmen Sie wiederum hörbar durch die Nase ein und lassen Sie die eingeatmete Luft bis in den Unterbauch strömen, der Bauch hebt sich dabei, dann hörbar ausatmen durch den Mund, die Bauchdecke gleitet wieder zurück (Bauch- oder besser Zwerchfellatmung).
Wiederholen Sie diese Übung 10mal.

Durch diese Atemübung werden Sie sich Ihrer Atmung bewußt und intensivieren sie.

Zur nächsten Übung stellen Sie sich wie auf dem Foto sichtbar in die Ausgangsposition.

Sie stehen hüftbreit, die Füße sind parallel, die Knie leicht gebeugt, und die Hände sind seitlich mit den Handflächen nach oben am Körper angelegt. Atmen Sie durch den Mund aus.

Jetzt bewegen Sie beide Hände langsam nach vorne und atmen Sie durch die Nase ein.

Drehen Sie langsam die Hände, während Sie weiterhin einatmen.

Strecken Sie die Arme vollständig nach vorne; jetzt haben
Sie vollständig eingeatmet.
Nun die Hände in umgekehrter Reihenfolge zurück an den
Körper und ausatmen. Bedienen Sie sich bei dieser Atem-
übung der sogenannten **Bauchatmung**. Wiederholen Sie
diese Übung mehrmals.

Der Sinn dieser Übung ist es, dem Körper vermehrt **Sauer-stoff** zuzuführen. Sollte Ihnen an irgendeiner Stelle schwindelig werden, unterbrechen Sie zunächst die Übung und setzen Sie sie erst fort, wenn es Ihrer Meinung nach möglich ist.

Schwindel und Unwohlsein zeigen Ihnen an, daß diese Atemform noch ungewohnt für Sie ist.

Die Haltungsübungen

Begeben Sie sich in den **Burmasitz** (bitte eine Sitzunterlage, z. B. ein Kissen, gebrauchen).

Setzen Sie sich hin und stützen sich mit den Händen auf den Knien ab. Richten Sie sich vollständig auf (Äußere Haltung).

Setzen Sie sich neben einen Trainingspartner oder führen

Sie diese Übung aus, indem Sie sich einen Partner vorstellen. Lächeln Sie ihn einmal an, denken Sie an etwas für Sie
persönlich Schönes (Innere Haltung).

Denken Sie bitte daran, daß Sie mit diesen beiden Hal-
tungsübungen nicht nur die äußere Haltung, sondern auch
die **innere Haltung** (z. B. die Einstellung Ihrem Leben gegenüber) verbessern wollen.

Die Stärkungsübungen

Um in der Meditation aufrecht sitzen zu können, bedarf es
auch der Stärkung der **Bauch-** und unteren **Rückenmuskulatur** *(Wirbelsäulenprophylaxe)*.

Legen Sie sich auf den Bauch und stützen Sie sich mit den
Händen, Unterarmen und Fußballen auf den Boden auf.
Heben Sie jetzt den Körper vom Boden. Bei fünfmaligem
Ein- und Ausatmen halten Sie den Körper über dem Boden,

die Bauchmuskulatur dabei anspannend. Gleiten Sie dann langsam auf den Boden zurück.

Drehen Sie sich auf den Rücken und stellen Sie den linken Fuß auf den rechten, dabei liegen die Arme nach hinten. Drücken Sie den Körper vom Boden weg und spannen nun die Rückenmuskulatur. Atmen Sie in dieser Position 5mal ein und aus, bevor Sie Ihren Körper wieder zum Boden zurückgleiten lassen.

Wenn Sie diese Übung nach regelmäßigem Training beherr-schen, wird auch sie Ihnen sehr viel Spaß bereiten.

Die Beweglichkeitsübungen

Im Gelenkapparat

Wenn Sie einen Trainingspartner haben, legen Sie sich bitte auf den Boden und bleiben vollkommen entspannt.

Der Partner bewegt nun langsam Ihren gesamten Gelenkapparat, indem er an einem Ihrer Arme und der dazugehörigen Hand beginnt.

Nacheinander werden so die Gelenke von Armen und Beinen auf ihre Beweglichkeit hin trainiert. Sollten Sie keinen Trainingspartner haben, führen Sie diese Bewegungen liegend oder sitzend alleine aus.

Um dem **Alterungsprozeß** vorzubeugen oder ihn zu verlangsamen ist dieser Übungskomplex, verbunden mit den folgenden Übungen, von großer Bedeutung.

Im Muskel- und Sehnenapparat

Eine vermehrte Bewegungsfähigkeit beugt vielfach **Unfällen** vor.

Setzen Sie sich auf ein Kissen auf den Boden und greifen mit der rechten Hand über den Kopf bis an das linke Ohr. Ziehen Sie den Kopf etwas zur rechten Seite. Sie verspüren wahrscheinlich ein leichtes Ziehen an der linken Halsseite. Bitte den Kopf so halten und 5mal ruhig ein- und ausatmen. Jetzt den Kopf langsam zurückgleiten lassen.

Beim zweiten Mal ziehen Sie mit der gleichen Hand den
Kopf weiter zur rechten Seite und drücken zusätzlich mit
der linken Hand zur Seite, die Dehnung wird nun beim
7maligen Ein- und Ausatmen intensiviert.
Wiederholen Sie diese Übung auch zur anderen Seite.

Nun folgt eine **Beindehnung.**

Legen Sie ein Bein gestreckt nach vorne, während Sie den anderen Fuß an die Innenseite des gestreckten Beines legen. Achten Sie darauf, den Körper möglichst aufrecht zu halten. Führen Sie diese Übung auch beiderseits aus und denken Sie daran, kontinuierlich ein- und auszuatmen.

Achten Sie bitte darauf, alle Übungen **langsam** auszuführen, und atmen Sie ohne Pause ruhig ein und aus.

Wenn Sie diese Anweisung befolgen, werden andere Menschen Ihren Übungen große Aufmerksamkeit entgegenbringen.
(Diese Form des Dehnens nennt sich Stretching und ist ein exemplarischer Auszug. Weitere finden Sie unter Knebel – Funktionsgymnastik.)

Die Konzentration und die Meditation

Alle genannten Trainingsübungen langsam und bewußt ausgeführt sind bereits Konzentrationsübungen.
Eine **Konzentrationsübung** ist die, bei der Sie sich auf *Eins* konzentrieren.

Eine Weiterführung der Konzentration ist die **Meditation**. In dieser Übung versuchen Sie sich darin, *leer* zu werden. Diese Übung eignet sich besonders für Menschen, die unter Streß leiden und nicht mehr abschalten können.

Setzen Sie sich aufrecht auf den Boden oder einen Hocker bzw. Stuhl (bitte nicht anlehnen!).

Legen Sie die Hände ineinander und konzentrieren Sie sich zunächst auf das Ein- und Ausatmen. Nach einiger Zeit stellt sich eine innere Ruhe ein. Verweilen Sie in diesem Zustand.

Die Partnerübungen

Stellen Sie sich vor Ihren Trainingspartner und verschränken Sie die Hände mit denen des Partners.

Einer ist nun der aktive Teil und beginnt zu bewegen, der andere ist der passive und läßt sich führen.

Diese Übungen, langsam ausgeführt, machen sehr viel Spaß.

Die ganzheitlich ausgeführte Bewegungsform

Wenn Sie bereits einen Filmbericht über China gesehen haben oder sogar selber dort gewesen sind, haben Sie ganz bestimmt die langsamen und harmonischen Bewegungen der Menschen dort sehen können. Versuchen Sie es auch einmal mit dieser speziellen Choreographie.

Begeben Sie sich in die Tai-Chi-Chuan-Ausgangsposition.

Heben Sie beide Arme gestreckt an, bis die Hände in Schulterhöhe sind.

Nun winkeln Sie beide Arme etwas an.

Dann kreuzen Sie die Hände vor dem Körper...

…und führen diese seitlich neben den Körper zurück.

Verlagern Sie den Schwerpunkt zum linken Fuß...

. . . und stellen den rechten etwas nach hinten.

Jetzt gleitet Ihre rechte Hand nach links unter die linke...

... und danach heben Sie den gestreckten rechten Arm nach
rechts, bis die rechte Hand in Schulterhöhe ist.

Nun ziehen Sie Ihre rechte Hand etwas zu sich heran …

...und bewegen die linke Hand nach unten links.

Zum Schluß begeben Sie sich in die Endposition, die der Ausgangsposition entspricht.

Führen Sie die Bewegungsform des Tai Chi Chuan, die hier aus dem taoistischen Ursprungsstil »Honan« entnommen ist, bei kontinuierlichem ruhigem Ein- und Ausatmen aus.

Viel Spaß und Erfolg beim praktischen Training.

Anhang

Wichtige Adressen

Hauptabteilungsleiter	Cyriakusstr. 43A	Breitensport
Harald Paßlack	47839 Krefeld	Seniorensport
5. Meistergrad	Tel./Fax: 0 21 51/73 58 06	Krankensport
Hauptabteilungsleiter	Bäumchesweg 31	Breitensport
Udo Hansel	41239 Mönchengladbach	
1. Meistergrad	Tel./Fax: 0 21 66/3 82 65	
Abteilungsleiter	Hohe Str. 8	Breitensport
Georg Groß	45476 Mülheim	Seniorensport
2. Meistergrad	Tel.: 02 08/40 78 23	Behindertensport
Abteilungsleiter	Saarbrücker Str. 35	Breitensport
Andreas Bensiek	40476 Düsseldorf	Seniorensport
1. Meistergrad	z.Zt. Tel.: 0 21 51/75 58 63	
Abteilungsleiter	Alte Kemmerhofstr. 142	Breitensport
Michael Marx	47802 Krefeld	Seniorensport
1. Meistergrad	Tel.: 0 21 51/56 18 42	
Abteilungsleiter	Hafenstr. 22	Breitensport
Ralf Mickel	47809 Krefeld	Seniorensport
1. Meistergrad	Tel.: 0 21 51/57 29 68	
Abteilungsleiterin	Am Mergelsberg 86	Breitensport
Irmela Engler	40629 Düsseldorf	Seniorensport
3. Meistergrad	Tel.: 02 11/29 24 34	Behindertensport
		Krankensport
Trainer	Grafenstr. 5	Breitensport
Udo Dymarkowski	46145 Oberhausen	
1. Meistergrad	Tel.: 02 08/60 21 55	

Trainer   Im Königsesch 18 b   Breitensport
Jürgen Hatzky   46395 Bocholt   Leistungssport
1. Meistergrad   Tel./Fax: 0 28 71/63 37

Trainer   Schanzring 39   Breitensport
Manfred Kartz   48703 Stadtlohn   Leistungssport
1. Meistergrad   Tel.: 0 25 63/72 29

Trainerin   Moeser Str. 144   Breitensport
Kirsten Kösters   47803 Krefeld   Behindertensport
1. Meistergrad   Tel.: 0 21 51/63 19 50

Trainer   Lerchenfeldstr. 8   Breitensport
Andreas Lorenzen   47805 Krefeld   Krankensport
1. Meistergrad   Tel.: 0 21 51/39 40 17

Taiwan-Do-Akademie   Duisburger Str. 311
Inh. Frank Hollenberg   46049 Oberhausen
     Tel.: 02 08/80 74 33
     Fax: 02 08/20 36 55

Sportschule   Im Königsesch 18 b
Inh. Jürgen Hatzky   46395 Bocholt
     Tel./Fax: 0 28 71/63 37

Chi Be Ku   Schanzring 39
Inh. Manfred Kartz   48703 Stadtlohn
     Tel.: 0 25 63/72 29

Geschäftsstelle   Moritzstr. 3
Taiwan-Do-Akademie   47803 Krefeld
Inh. Mario F. Frerker   Tel.: 0 21 51/75 58 63
     Fax: 0 21 51/73 17 00

◁ **Die Konzentrationsschulung spielt im Tai Chi Chuan eine herausragende Rolle.**

Die Bewegungslehre
Tai Chi Chuan kann
auch mit einem Schwert
durchgeführt weden.